バッハ
インヴェンション
こころの旅

杉浦日出夫 著

目 次

まえがき……4

バッハの教育カリキュラム……6
 日本人のバッハ演奏
 小さい学習者には至難の業
 では、どの曲を選ぶか？

インヴェンション 第1番……10
 優しい会話
  曲のおもしろさを実感させるには？
  歌って弾く
  バッハ家の特別な曲
  一家団欒の中で

インヴェンション 第2番……19
 さながら雪降る朝のよう
  美しい聖句の流れ
  本物に感じた世俗性
  原因は不勉強
  ただ純粋に音楽のみを
  バッハではありません

インヴェンション 第3番……30
 上機嫌なバッハ
  子どもにも原典版？
  バロック期の演奏習慣
  笑いまくるバッハ

インヴェンション 第4番……37
 嵐の日に
  激しさを秘めた舞踏曲
  さまざまなクーラント
  荘重なダンス、サラバンド
  3種類のジーグ
  頭→手・指→耳

インヴェンション 第5番……47
 さぁ、元気よく声を掛け合って
  人のために尽くす
  「メッセージあり」のサイン
  数の象徴

インヴェンション 第6番……53
 コントルダンスのごとく
  笑い声が聞こえる
  グールドとシフのアド・リブ

インヴェンション 第7番……59
 佳曲の背景にあるドラマ
  バッハの抒情性
  音で絵を描く
  5度の下降音型
  実は受難曲
  十字架音型とC音

インヴェンション第8番……66
大笑い
- アッバッハッ ホッホッ♪
- 神のユーモア
- 伝統の継承
- 芋畑のバッハ

インヴェンション第9番……71
悲しみと苦しみを経て
- 「受難」の調
- ダ・ヴィンチ『最後の晩餐』
- ユダの裏切り
- ペテロの涙
- グリューネヴァルトの祭壇画
- 栄光に包まれて

インヴェンション第10番……85
爽やかな光、
復活の朝、復活の調
- 神から与えられた技術
- 爽やかさ、清閑さ
- 宣言撤回
- 丘を駆け下りる2人のマリア
- イエスの復活
- 朝の光の中で

インヴェンション第11番……94
蛇にのみ込まれた半音階
- 登頂ガイドの最期
- ラメント・バス
- 半音階をのみ込む蛇
- 永遠のいのち

インヴェンション第12番……103
楽譜に見つけた天使たち
- 山の上の教会
- 天使の表現
  - ―モーツァルト、ベートーヴェン
- 天使の表現―バッハ
- ダ・ヴィンチ『受胎告知』
- 存在を感じるとき

インヴェンション第13番……114
罪の象徴、減7度
- 歌詞と音
- アダムの罪
- 外国映画に思う
- ムンクの絵
- 罪の値

インヴェンション第14番……123
音に込めたメッセージ
- 高校生時代の後悔
- 神の声
- 密かに入り込む罪
- 日本人特有のメンタリティ

インヴェンション第15番……130
幸せを祈って踊るのさ
- 映画『道』
- 人間の聖性と俗性
- 不可解なテーマ
- 神の近くにあった人

引用文献一覧……138

あとがき……140

まえがき

　小学5年生のおり、国語の授業で教科書に載っていた「月光の曲」という物語を読みました。先生は授業の終わりに、物語に出てくる曲、ベートーヴェンのピアノソナタ《月光》のレコードをかけてくださいました。授業後、クラスの半数の者が「レコードをもう一度聴かせてください」と職員室へ押し寄せ、それは1カ月も続きました。その中に僕もいて、密かに「戦争が終わったらピアノをやろう！」と思ったのです。中学に入りピアノを始めた僕が最初に弾いたのは、友だちから借りた『バイエル』でした。もちろん、家にはピアノがなかったので練習は常に学校でやって、夜は机の上で練習しました。

　母が最初に買ってくれたのは、バッハの『創意曲（インヴェンション）』（新興楽譜出版社）でした。楽譜がほとんどなかった時代、この1冊を毎日毎日弾きました。それは『バイエル』を終えただけの者にとっては、とても難しく、涙が出るほどでした。これが『インヴェンション』との出会いです。

　20歳を過ぎ、昭和30年代のピアノブームのさなか、子どもたちにピアノを教えるようになって一番困ったのは、「避けて通れない！」と恩師からも言われていた、この『インヴェンション』の指導でした。まず曲のイメージを指導者である自分自身がまったくつかめず、子どもから何も引き出すことができずにいました。ところがある日、「ピアノを声のように歌わせる」という、『平均律クラヴィーア曲集』に名演を残したエドヴィン・フィッシャーの言葉を思い出したのです。子どもたちと一緒に『インヴェンション』第1番を歌っていて、ふと、何か突破口のようなものが見つけられそうな気持ちになりました。これはとても楽しい体験でした。

　また、『インヴェンション』のアナリーゼをしていて、それが第11番に至ったときのことでした。「インヴェンション」のほとんどが、大まかには3つの部分（A－B－Cなど）に分かれているのですが、この第11番は、Bの部分が他の曲とまったく違っていたのです。どうするとこのようなBができるのか、よく

理解できませんでした。後日、『平均律クラヴィーア曲集』第2巻の第6番を弾いているときにも、上手くアナリーゼできない何かを感じました。よく見ると、2曲とも、くねくねと動く蛇のようなテーマと半音階の組み合わせになっていました。そのとき読んでいたボドキーの本に、「バッハでは蛇も半音階も「死」の象徴」という言葉を見つけ、思い出したのが、自分たちの合唱団でバッハの復活祭のためのカンタータ第4番《キリストは死の縄目につきたもう》(BWV4)を歌ったときの指導者の話でした。歌詞の中に出てきた「昔、死と死が戦って、一方の死がもう一方の死をのみ込んだ」という不思議でとても理解し難い一節を、「くねくねした音は蛇で、キリストの死を表します。一方の半音階も死を表していて、これは人間の死です。イエスが死ぬことによって人間の死がのみ込まれ、イエスを信ずる者に《永遠のいのち》が与えられたというメッセージです」(本文参照)と苦心しながら話してくれたことを思い出したのです。

　『インヴェンション』にバッハが込めたメッセージを解明する道のりは、長いものでした。しかし、お父さんバッハが自分の子どもたちのために『インヴェンション』に注ぎ込んだ深い愛を、これらの曲を通して知り得たとき、静かに押し寄せて来る深い感動を味わうことができたように思います。

　バッハは当時、時代遅れの作曲家として、自身の息子からさえ烙印を押されかねない中にあっても、淡々と自分の書法を貫きました。1750年、バッハが亡くなると同時に、バロックの幕は下ろされました。それから約250年、バッハと同じ時代の作曲家が次第に忘れられて行く中で、バッハだけは金字塔のように輝いています。「なくてならぬものは多くはない、いや、それはたったひとつだ」と、彼は時代を超えた本当のもの、「永遠」を見る目を持っていたのだと思います。「なくてならぬもの」——この永遠のもの、それは「愛」かな、と思ってきました。しかし、『インヴェンション』を読み続けていくと、バッハがまことのものを見る目を持てたのは、実際にはそんな深い何かからではなく、「こんにちは！」というような「優しい人への眼差し」からだったかもしれないと思えてきました。『インヴェンション』からバッハの日常が見えるので、そんなふうに感じてしまうのです。

　どうか気楽に、楽しんで読んでいただければ幸いです。この拙著を2人の女性、愛する母、愛する妻に捧げさせてください。

バッハの教育カリキュラム

日本人のバッハ演奏

　昭和31年、今は亡きフランスの名ピアニスト、サンソン・フランソワ（1924-1970）が初来日したおりのことである。彼はリサイタルのプログラムの最初の曲として、J.S. バッハの作品を2つ入れていた。フランソワといえばショパンのスペシャリストとして名高く、フランスの粋人(すいじん)と呼ばれた人であるが、その日のバッハは素晴らしく、演奏会が始まってすぐに鮮烈な印象を聴衆に与えたのである。2曲ともブゾーニが編曲したもので、第1曲はコラール・プレリュード《主イエス・キリスト、われ汝を呼ぶ》BWV639。第2曲は《喜べ、愛するクリスチャンたちよ》BWV734。演奏会後、楽譜を懸命に探し求め、ついにブライトコプフ社からそれを取り寄せることができた。胸をときめかせつつ練習し、演奏会の感激の余波を反芻したものである。

　フランソワはバッハへの造詣も深く、まだLPの最初期に、10インチ盤であったがバッハばかりを録音したアルバムを出している。それには、バッハ（リスト編曲）のイ短調の『プレリュードとフーガ』BWV543、バッハ（ブゾーニ編曲）の有名なハ長調の『トッカータ、アダージョとフーガ』BWV564、そして前記の2つの『コラール・プレリュード』が入っていた。

　某新聞の記事によれば、フランソワは昭和30年代初めに開催されたロン＝ティボー国際コンクールで審査の席についていたとき、第1次予選で巧みに『平均律ピアノ曲集』を演奏して通過した日本人ピアニストのことを、「日本人はバッハをあたかも神が実在しないかのごとく演奏する」と評したという。この記事を読んだピアニスト、故神野明氏のお母様は、小学校3年生だった彼を次の週から教会の日曜学校に連れて行かれたとのことである。

バッハの作品は、その全てではないにしても、多くが彼の信仰の告白といってよいものであるのだから、このフランソワの言葉に深く耳を傾けなくてはならないだろう。特に彼の全作品から見ればほんの一部であるかもしれないクラヴィーア作品においても、彼は弟子のための教育的作品であるからといって、決して余力で書くようなことはせず、全身全霊で書き上げていったのである。「バッハの作品のどんな小さな数小節にも、彼の威厳と偉大さがある」とは、アルベルト・シュヴァイツァー（1875-1965）の言葉である。

　J.S. バッハの弟子であるH.N. ゲルバー（1702-1775）の報告によれば、バッハは次のような曲の順序で生徒を指導していたようである。すなわち、「最初は、『インヴェンションとシンフォニア』から入り、『フランス組曲』『イギリス組曲』を経て、『平均律クラヴィーア曲集』を習得させる」と。もっとも『パルティータ』は、まだこの報告のあった時期（1722年ごろ）には作曲されていなかったので含まれていないが、『パルティータ』を『フランス組曲』『イギリス組曲』に続く組曲と考えれば問題ないであろう。

　『インヴェンション』の各曲について述べる前に、この曲集の使い方について考えてみよう。

小さい学習者には至難の業

　平均律のない時代において、特に鍵盤楽器の作品には調性に限りがあった。調号の少ないものはよいとして、ホ長調やヘ短調はシャープやフラットを4つ持っていても、その調を使用できたのに対して、嬰ヘ短調のようにシャープが3つだけのものでも、その使用は可能ではなかった。こうしたことから『インヴェンションとシンフォニア』は15の調によって作曲されている。

　この曲集での技術的課題は山のようにあって、ひと言ではとても語り尽くせないが、特にわれわれ日本の指導者は、将来専門にその道へ進む者はもちろんのこと、趣味でやる者も、この『インヴェンションとシンフォニア』だけは避けて通

らせるべきではないとばかりに、30曲全ての学習を強いているようである。これは特に低年齢の学習者にとっては至難の業であるのに、無理強いした結果、音楽的に何もわからないまま、音ばかり並べている演奏にしばしば出合うことになってしまう。

　主題のフレージングとアーティキュレーション、その上、その曲にふさわしいタッチも具体的に指導しなければ、とても理解できるものではない。きわめて簡単な２声のものでも、その内容は深く高いものばかりである。今世紀最大のチェンバリスト、ワンダ・ランドフスカ（1879-1959）は、「心と耳と指の習練を要求するこの傑作が、しばしば非常に才能には恵まれていても、常に無知である初心者の手に委ねられているのは、どうしてだろうか[1]」と強調している。

では、どの曲を選ぶか？

　『学習者のためのピアノ音楽への手引』（千蔵八郎 訳、全音楽譜出版社、1969年）の著者、アーネスト・ハッチソンは、この本の中で『インヴェンションとシンフォニア』を『平均律クラヴィーア曲集』に対しての「もっともよい準備的な曲」と評した上で、とても全曲弾くのは無理とし、それぞれから５曲を次のように選択している。

> ２声（インヴェンション）：第１番、第５番、第６番、第８番、第12番
> ３声（シンフォニア）：第２番、第６番、第７番、第９番、第13番

　次に著者であるが、
(1)　技術的にレガートで歌うもの。これはバッハ自身の『インヴェンション』学習の大きな目的でもあった。
(2)　比較的レッジェーロで急速なもの。
(3)　音楽的な表現が初心者自身でも理解できるもの。
(4)　多くの装飾音を持つもの。

このように分類した上で、以下のように選んでいる。

> 2声：第1番、第4番、第6番、第8番、第9番、第12番
> 3声：第1番、第3番、第5番、第7番、第10番、第13番

なお、全曲学習するものに対しては、おおよそ次のような順番で与えている。

> 2声：第1番→第4番→第7番→第8番→第10番→
> 　　　第13番→第14番→第2番→第3番→第6番→
> 　　　第9番→第11番→第15番→第5番→第12番

> 3声：第1番→第5番→第6番→第11番→第12番→
> 　　　第15番→第3番→第4番→第7番→第8番→
> 　　　第13番→第14番→第2番→第9番→第10番

インヴェンション 第1番 ハ長調　Inventio1　BWV772

優しい会話

曲のおもしろさを実感させるには？

　著者が『インヴェンション』の練習を始めたのは、戦後間もないころであった。紙不足のおり、楽譜はわら半紙に印刷されていた。先日久しぶりにそれを取り出し、指導を受けたS先生の書き込みを眺めながらページをめくっていると、数枚の五線紙がはさまっていることに気がついた。そこには、著者自身の創作と思われる曲の断片が書かれてあった。本人はきっと「インヴェンション」のつもりで書いたのであろう。「こんなことをしていたのか」と思いながらその短い曲を弾いてみると、当時苦しんで書いた記憶がよみがえってきた。そしてピアノだけでなく、手間暇のかかる「インヴェンション」の創作まで指導してくださったS先生への感謝を新たにすると同時に、バッハが『インヴェンション』に託したクラヴィーア教育の目的へと思いを馳せた。「2、3声部を上手く弾けるようにすること」「カンタービレを習得すること」「創作すること」——これが、バッハがクラヴィーア教育で目指したものであった。

　ところで、『インヴェンション』を演奏、あるいは指導するにあたって、著者が長年抱えてきた課題がある。それは、「1曲1曲を、どのようなイメージを持って弾いたらよいか」。要するに生徒たちに「『インヴェンション』は楽しい曲である」「おもしろい曲である」とわからせる、あるいは感じさせるにはどうしたらよいかということである。この課題は、立ち向かえば向かうほど、その壁がより高く感じられるようになっていく。『インヴェンション』に限らず、曲のおもしろさを感じないまま練習することは無意味に近く、練習を続けてもよい結果を生

むことは少ないと思う。

　チェンバリストのワンダ・ランドフスカは、『インヴェンション』について次のように述べている。「バッハが息子のために書いたという理由で、子どものための音楽だとされてきたのだろうか。人は神童フリーデマンが父と一緒に暮らしていたことを忘れている[2]」。初心者への『インヴェンション』指導が並大抵のことではないのをランドフスカも感じていたことがわかる。

歌って弾く

　一見、無表情に思われる『インヴェンション』に突破口を見つけることができるのは、ピアニスト、エドヴィン・フィッシャー（1886-1960）のかの有名な著書『音楽を愛する友へ』のバッハについての一文であろう。フィッシャーは長いページを割いてバッハについて語っているのだが、その中で「生命を自然の現象と感じ、誕生や、最高の歓喜や、深い悲しみなど、その永遠のモチーフを感受する[3]」と述べている。われわれが表面的な技術のみにとらわれず、注意深く、自身の心の動きを通してこれらの楽曲に「詩情」のようなものを見つけ出すことができれば、『インヴェンション』の一見閉ざされていそうな扉を少しは開くことができるかもしれない。

　それでは本題に入ろう。『インヴェンション』第1番のテーマ（次ページ**譜例1**）は、僅か8つの音からなるシンプルなものだが、これを声に出して静かにゆっくり歌ってみると、テーマの旋律がどこから来ているのかわかるような気がする。

　次ページの**譜例2**はグレゴリオ聖歌の中の、『インヴェンション』第1番とテーマが似ている箇所である。遠くはグレゴリオの歌の流れに染められていると考えると、今さらながら、伝統というか、語り伝えられていくものは恐ろしいと思う。

譜例1　『インヴェンション』第1番　冒頭

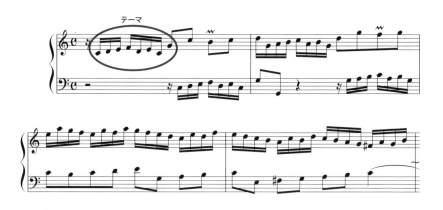

譜例2　グレゴリオ聖歌〈サンクトゥス〉第15番（通常祝日用）
　　　　『インヴェンション』第1番とよく似ている。

　そしてここに、"歌って弾く"ことが浮かび上がってくるのだ。「全ての音楽が歌から由来したということを忘れてはならない。美しい、魂のこもった人声の表現力は、器楽奏者にとって常に手本であるというべきであろう[4]」、すなわち「声のように歌って弾く」というフィッシャーの言葉は、ピアノを弾く者として心に

留めておかねばならない。歌うことの基本を学び、それによって作品に内在する何ものかに到達することができ、さらにはなんらかのインスピレーションを受けることができるかもしれないのだ。グレン・グールドやアンドラーシュ・シフのアドリブは、そんな楽しみから生まれたものであろう。

　譜例3と次ページの**譜例4**が、グールドとシフによる『インヴェンション』第1番演奏の即興部分である。

譜例3　グレン・グールドによるアドリブ
　　　　（『インヴェンション』第1番 第3部：第15小節〜）
　　　第3部、最初の4小節に自由な動きが入り、優しい対話が楽しめる。
（採譜：杉浦 寛）

譜例4　アンドラーシュ・シフによるアドリブ
　　　　（『インヴェンション』第1番 第3部：第15小節〜）
　　　バッハが自筆（おそらく）で残しているアドリブからアイデアを得ている。

(採譜：杉浦 寛)

　バッハは、平静で精神的に浄化された人間という土台の上に音楽を打ち立てた。欲望、魂の闘い、妬(ねた)み嫉(そね)み、不安、そして絶望のようなものは削ぎ落とされ、ただ信仰により「愛する神にのみ従う」バッハの姿が浮き彫りにされる。彼は伝統を模倣し、その中に入り込み、無駄を省き、愛を持って時代を鳥瞰(ちょうかん)し、それを乗り越えたのである。

バッハ家の特別な曲

　バッハは息子ヴィルヘルム・フリーデマン（1710-1784）のために『W.F.バッハのためのクラヴィーア小曲集』を書いた。その第3曲に《愛する神にのみ従う者は》というコラールのクラヴィーア版が載っている（**譜例5**）。

譜例5　コラール《愛する神にのみ従う者は》のクラヴィーア版
　　　　作詞作曲は、ゲオルク・ノイマルク。

　このコラールにはバッハの作品番号（BWV691）が与えられてはいるが、バッハの作品ではない。ドイツ・バロック期においてもっとも創造力豊かな歌曲の作曲家と言われたゲオルク・ノイマルク（1621-1681）の作詞作曲によるものである。ノイマルクは優れたヴィオラ・ダ・ガンバ奏者でもあり、さらには詩人として、世俗詩とともに宗教詩もたくさん書いている。このコラールは、讃美歌（1954年版）の第304番《まことなる みかみを》である（次ページ**譜例6**）。現在でもプロテスタント教会で盛んに歌われている、線の太いこの讃美歌を声高らかにいく度となく歌ってみてほしい。そして歌詞の内容を心に感じてみよう。その後、バッハによって編曲されたコラールを弾くとき、何かに出合ったようなひとしおの感慨を受けるはずである。和声が長調と短調の間を行き来しながら進むプロテスタント特有のこのコラールは、聴く者の心を癒し、勇気を与えてくれる。

譜例6　讃美歌 第304番《まことなる みかみを》第1節（第1番）

1：まことなる みかみを　たのめるもののみ
　なやみのときにも　うごくことなからん
　いわのえ（上）に　いえをばたてしひとのごと[(5)]

　ところで、この讃美歌は歌いやすいよう、歌詞がかなり要約されている。また、原詩は7節からなっているのに対し、讃美歌は4節（第1～4番）にまとめられている。ノイマルクによる7節からなる歌詞は、「人間はひとりでは何もなし得るものではない。全能の神の意思に身を委ねることによって何事もなし得るのだ」という自身の信仰に基づいている。

　バッハはまた、時代の流行と逆行して、おびただしい数のコラールを軸としたカンタータ（コラール・カンタータ）を書いていた。その中の第93番に、前述のノイマルクのコラールを用いたものがあり、バッハがノイマルクの宗教詩のどの部分に心を奪われていたかがわかる。バッハの関心は特に第1節と第7節にあり、これらを最初と最後の大合唱に仕立て、その間を美しいアリアでつないでいるのである。

　　　第1節　　尊き御神の統（す）べしらすままにまつろい、
　　　　　　　いかなる時にも御神に望みをかける者、
　　　　　　　そを神は奇しき導きをもて支えたまわん、
　　　　　　　よし、もろもろの十字架と悲しみのさ中にあるとも。
　　　　　　　いと高くして並ぶ者なき御神に依り頼む者、
　　　　　　　そは砂上に家を建てし人にあらず。

第7節　歌い、祈りて、神の道を歩め、
　　　　汝の務めを忠実に果たし、
　　　　天の豊けき祝福にゆだねまつれ。
　　　　さらばこは新たに汝に臨まん。
　　　　げにその望みをば　神に置く者、
　　　　そを神は見捨てたまわず。⁽⁶⁾

コラール・カンタータ 第93番
《愛する神にのみ従う者は》より
杉山好訳

　こうして見てみると、コラール《愛する神にのみ従う者は》は、バッハ家にとっては特別な曲だったと言えるかもしれない。バッハの2度目の妻は、家族団欒のための作品『アンナ・マグダレーナ・バッハのクラヴィーア小曲集』を創ったが、その中でも、このコラールを自身の手で書き写している。このことから、バッハやその妻が、子どもたちにノイマルクの讃美歌を教え、関心を持たせ、最終的には精神教育、宗教教育につなげようとしていたことがわかる。その意味で、このノイマルクのコラールは「バッハ家の家訓」であったと言っても過言ではないであろう。なお、大バッハはこの曲をオルガンのためにも、なんと4度にわたって編曲している（BWV642、647、690、691）。

一家団欒の中で

　『W.F. バッハのためのクラヴィーア小曲集』に続いて『アンナ・マグダレーナ・バッハのクラヴィーア小曲集』の中の同じコラールを眺めてみると、父バッハや母アンナの子どもたちに対する温かい家庭教育や宗教教育、さらには音楽教育がどのようになされていたかがうかがい知れる。

　この2つの作品集でまず目につくのは、子どもたちが興味をひきそうなメヌエットやポロネーズなど、明確なリズムを持つ舞踏曲の数々である。当時大流行していた家庭内でも踊ることができるこれらの舞踏曲の、そのはっきりとしたリズムを通して、人間の心に内在する感覚を引き出すことは自然にできたであろう。

もうひとつ気づいたことは、誰もが知っていて皆で声に出して歌える曲が並んでいる点だ。厳粛な歌もあれば、楽しい歌もある。母アンナは才能ある歌い手で、子どもたちにもしばしば歌って聞かせていたようだ。
　さらに特筆すべきは、これらの作品集には、音楽の横の流れの美しさと縦に響き合う和声の見事さという、完成されたバッハの自信作がたくさん含まれていることである。

　大バッハは当然のことながら、子どもたちの音楽教育に何が必要かをきわめてよく知っていた。音楽の三大要素であるリズム、メロディ、そしてハーモニーを家庭の団欒の中で、自然に体得させようとしていたことが手に取るようにわかる。そして、コラールの歌詞やハーモニーを通して、宗教的なものである「永遠なるものへの畏敬」を徹底的に教えようとしていたのであろう。

インヴェンション 第2番 ハ短調 | Inventio2 BWV773

さながら雪降る朝のよう

美しい聖句の流れ

　あるとき生徒に、「『インヴェンション』第2番のイメージとはどのようなものですか？」と聞いたところ、「雪の日の朝」という言葉が返ってきた。「なるほど静かで輝いた朝か！」と、それからこの言葉が好きになって使うようになった。

　バッハは、教会付きのオルガニストであるとともに合唱隊の指揮者であり、作曲家でもあった。バッハが繰り返し読んだ聖書には本人による書き込みが多く残っており、その書き込みは、新約聖書では特にマタイによる福音書に集中している。

　バッハにその意図があったかどうかは別として、『インヴェンション』第2番には、聖書の中でもっとも有名な、マタイによる福音書5章を彷彿とさせる箇所があるように思える。「こころの貧しい人たちは、幸いである」という部分である。この慈愛に満ちた言葉は、マタイの福音書において延々と続くのだが、『インヴェンション』第2番でも同様に、悲しむ者の嘆き、歓喜、脈打つような確信や不安などが脈々と書き連ねられているように感じる。ためしにこの第2番とマタイによる福音書5章の聖句を対照させて見よう（**譜例7**）。

譜例7　『インヴェンション』第2番にマタイによる福音書5章の聖句[7]を照らし合わせてみると…。

幸福なるかな、心の貧しき者。　　天国はその人のものなり。

ソプラノ（右手）で歌われたものは、2小節後にバス（左手）で繰り返される（譜例8）。

譜例8 『インヴェンション』第2番 冒頭

こういった書法によって書かれた曲は、他にあまりなかった。バッハの発明（Invention）かもしれない。歌い合い、祈り合い、慰め合い、曲の流れは次々新しくなっていく。そして、弾いているとき、左右の手が優しく触れ合う。そうしたことが著者に、この曲と聖句の結びつきを感じさせたのかもしれない。

ウィーン生まれのアメリカの音楽学者、カール・ガイリンガー（1899-1989）は、バッハのカノンの様式について、「カノンの形式は、彼にとって宗教的なメッセージの詳細を明らかにするのにまさにぴったりしているように思われたので、彼はそれを比類のない豊かな想像力でもっていろいろな方法で用いたのである[8]」と述べている。

教会オルガニストであり作曲家であったバッハは、会衆の信仰心を鼓舞し、高め、教育することを自分の聖務と考えていた。「会衆の心をとらえることができる」と感じられる箇所には、さまざまな書法を大胆に導入した。彼にとってはカノン（輪唱）も素人の様式ではなかった。カンタータ第80番《われらが神は堅き砦》（BWV80）は宗教改革者マルティン・ルター作曲のコラール《われらが神は堅き砦》を中心とした宗教改革記念日のためのカンタータなのだが、その第1曲に見事にカノンを導入し成功している。オーボエがコラールの拡大されたテーマを吹き始めると、1小節遅れてオルガンが足鍵盤でそれを追いかける、まさにカノンである（次ページ**譜例9**）。オルガニストのトン・コープマンが指揮するCDで、この足鍵盤のコラールを鮮やかに聴くことができる。拡大されたテーマが楽譜の最上段と最下段に配置され、それは「天と地」を示しているようである。よくある楽譜には、この総譜最上段のオーボエの上に3管のトロンバ（tromba〈伊〉トランペット）が書かれている。ただ、それはバッハのオリジナルではなく、長男ヴィルヘルム・フリーデマン・バッハが書き入れたものである。指揮者のカール・リヒター（1926-1981）などは、この楽譜のほうで演奏していて、初めて聴いたおり、「どこがバッハか？」と思ってしまった。

なお、バッハが所有していた聖書は、いろいろな理由があって、現在はアメリカのルター派教会の神学校に収まっている。当時ヴィッテンベルグ大学の教授であったカーロフ（1612-1686）の主釈付きのもので、一般に「カーロフ聖書」の名で知られている。

譜例9 『カンタータ』第 80 番 第 1 曲に導入されたカノン

インヴェンション 第2番

本物に感じた世俗性

　かつて北イタリアを旅し、多くの教会や美術館を訪れたことがある。ミラノでは、原始キリスト教時代の礼拝堂とすてきなファサード（教会前面の様相）を持つサンタンブロージョ教会や、絵の具の剥落が激しく、もはや「瀕死の白鳥」と

パオロ・ヴェロネーゼ:『レヴィ家の饗宴』(1573年、アカデミア美術館)

化したレオナルド・ダ・ヴィンチ (1452-1519) の『最後の晩餐』があるサンタ・マリア・デッレ・グラツィエ教会を訪ねた。ブレラ美術館もとても印象に残っている。マンテーニャ (1431-1506) の有名な『死せるキリスト』と多少感傷的なベッリーニ (1430ごろ-1516) の『ピエタ (嘆きの聖母像)』、ルネッサンス期の2人の画家の作品がちょうど隣り合っていた。それからジョット・ディ・ボンドーネ (1267ごろ-1337) の壁画があるパドゥバの街に立ち寄り、その後訪れたヴェネツィアの素晴らしさは筆舌に尽くしがたい。中でも電撃的ショックを受けたのは、アカデミア美術館で見たパオロ・ヴェロネーゼ (1528-1588) の『レヴィ家の饗宴』だった。この絵は、もともとはサンティ・ジョヴァンニ・エ・パオロ修道院の食堂のために描かれたもので、「最後の晩餐」を主なモチーフにして描かれた。しかし、描き込んだものが時の異端審問官の怒りに触れ、大変な裁判になったのである。何はともあれ、著者が大きなショックを受けたのは、画集などで見ているこの絵と、そのとき目の前で見た絵との違いがあまりに大きかったことである。題材は聖書によっていながら、世俗的な匂いが一面に立ち込めている。画集からでは、このことを十分に察知することができないのだ。その裁判の記録が残っていて、一見立派な宗教画に見せながら、実は「宗教を侮っている」、あるいは「大切な伝統を笑いものにする」として、審問官の厳しい質問を受けている。

原因は不勉強

　もうずいぶん前の話だが、友人が1枚のレコードを持ってわが家へ駆け込んできた。「おい！　すごいのが出たぞ、すごいぞ！　聴け！」と言うのだ。固唾を呑んで、そのレコードに針を下ろした。2人ともひと言も話さないで、一気に最後まで聴き通した。そしてずいぶん長い間、無言のままだった。最初に言葉を発したのは友人のほうで、「おい、すごいだろう。まいったか」とだけ言った。著者は、興奮のあまり震えるような声で次のようなことを話したのを覚えている。「これこそ本当のバッハだ。10年後には世界中がバッハを、こんなふうに弾くようになるだろう」と、予言者みたいなことを口走ったのだ。グレン・グールドによる『ゴールドベルク変奏曲』（BWV988）を初めて聴いたときの思い出である。

　それから数十年経ったが、誰もバッハをグールドのように弾かないし、それどころか「試験やコンクールでバッハをグールドのように弾いてはいけない」という忠告をしばしば聞くのである。なんと21世紀に至ってもなお「ありゃ変だ」という声がなくならず、最初に聴いた日以来のグールド・ファンの著者は、「演奏への評価や解釈は、本当に難しいんだな」と思い続けている。

　グールドが異端視されてきたのは、真夏にオーバーを着て歩くなどの奇行の数々が原因ではない。理由はさまざまだろうが、ピアニストたちの不勉強や不遜な権威主義などにもあると思われる。不勉強とは、

① バロック時代の演奏習慣を知らない。
② 即興演奏、あるいは即興的と思われる演奏が、ほとんどと言ってよいほどできない。
③ 5声はおろか3声を弾き分ける技術をも会得していない。
④ 対位法による作曲技法の認識が薄いか、あるいはまったくない。
⑤ バッハがチェンバロを用いて全ての曲を書いているにもかかわらず、チェンバロとピアノの機構や奏法の根本的な違いを知らない。

など、挙げればきりがない。

一方グールドは、ハープシコードやオルガンなどもかなりの研鑽を積み、CDまで出しているくらいである。またバッハを弾くために、自身の楽器に手を加えている。現代のピアノは、バッハを弾くには一音一音の響きが豊か過ぎる。したがって音が横の流れを作っていくよりは、縦の音として互いに響き合ってしまうのである。そこで彼は、ピアノ自体の響きを軽減することによって、対位法的な横の線の流れがはっきりと聴き取れるよう楽器を改良した。ここまでバッハを追求しようとしたグールドが、バッハ演奏の「異端」であると誰が言い切れるのか。ちなみに『ONTOMO MOOK 新編 名曲名盤300』（レコード芸術 編、音楽之友社、2011年）でバッハの器楽曲の名演奏家欄を見ると、『インヴェンションとシンフォニア』『平均律クラヴィーア曲集』、そして『ゴールドベルク変奏曲』の全てにおいて、グールドのものが第1位に推薦されている。また「新版 クラシックCDの名盤」（宇野功芳・中野 雄・福島章恭 著、文藝春秋、2008年）でも、評論家の中野、福島の両氏はグールドを特別に推薦し、しかも「グールドは異端ではなく正統なのだ」とはっきり述べていた。

ただ純粋に音楽のみを

　グールドは少年時代、バッハについて特別な考えを持っていたようだ。16歳のころ、アメリカの女流ピアニスト、ロザリン・テューレック（1914-2003）が弾くバッハを聴き、いっそう自分の意図に確信を得た。そして23歳のとき、『ゴールドベルク変奏曲』で自身の演奏を世に問うて、結果、現代最高のピアニストのひとりとしての評価を受けたのだった。
　「個性的であるためには伝統を模倣しなさい」。これはイギリスの世界的な美術評論家、ケネス・クラーク（1903-1983）の言葉であるが、グールドの耳は伝統的な演奏や流行には目もくれず、チェンバロ奏者の奏法をも先取りしたようなアーティキュレーションと音の流れで、一気にバッハに迫ろうとした。そうしてバッハを手中に収めたかに見えるそのリズムは、あるときは内発的なジャズのように弾んだエラン（elan〈仏〉躍動）を形づくる。また音の間を縫うように動き回る旋律線は、自身の演奏時の唸り声以上に跳躍し、それがリズムとの相互作用

を得て、純粋に抽出された最高の音楽を形づくることになるのだ。そこにはもはやバロックの終着点となったバッハはなく、またバッハの強く信じたプロテスタント精神もないように思われる。グールドはバッハのさまざまな様相の中から、ただ純粋に音楽のみを抽出しているかのようである。そしてそれらは、一種独特の心の快感群を形づくっている。著者はここに、グールドの孤独を感ずるのである。音楽史の流れから孤立し、キリスト教的伝統からも逸脱したグールドは、孤高の人となったのであろう。

　グールドは若き日、「わたしは50歳になったらピアノをやめたい」と言っていた。その言葉には僅かであるが、悲しみも含まれているように著者には感じられる。悲痛なまでの忍耐と努力があったことだろう。彼は40歳になる前にいっさいの公開演奏から身を引き、「子宮」と自ら呼んだスタジオにこもった。「子宮」とは「音楽を創り出す場所」というような意味合いだったのであろう。そしてそこで、バッハのほとんどの作品を含む録音をしたのである。亡くなったのは50歳の誕生日の9日後だった。

　著者が敬愛する辻邦生（1925-1999）の美しい著作の中に、グレン・グールドのバッハに関するこんな記述がある。「いわばバッハの中にある音楽的な純粋美感を、蒸留水を集めるみたいに結晶化し、バッハにまつわるプロテスタント性も、教会性も、オルガンやチェンバロなどの楽器の音色性も、すべて捨象されていた[9]」。楽器の音色性についてなど、ここには一部の小さな誤りがあるかもしれないが、バッハの音楽を用いて音楽の深く純粋な喜びを新しく築いているかのようだと評したその文章は、グールドを端的に捉えていて素晴らしい。

バッハではありません

　前述の『レヴィ家の饗宴』を指して、「題材は聖書から採っているが、宗教画ではありません」と言い切ったミラノの案内人の言葉が、いまだに耳に残っている。なるほど『新潮 世界美術辞典』（新潮社、1985年）を紐解いてみても、ヴェロネーゼの項には「宗教的感情表現に欠ける」の一文が見られる。これと同様に、グールドについても「これはバッハの楽譜を弾いていますが、バッハではありま

せん」という声が聞こえないでもない。それは端的に言えば、グールドが自身の演奏のために、バッハが書き込んだ宗教的メッセージをいっさい切り捨てているからである。

　著者がバッハのメッセージを大いに感じとることのできる演奏に、エドヴィン・フィッシャーの録音した『平均律クラヴィーア曲集』がある。第1巻と第2巻では、奏法がやや違うので、かなり間を置いて録音されたものなのだろう。いっさいの感傷的なものが排除され、音という音に心の裏付けのようなものを感じる。そしてそれが演奏のあたたかさに通じ、そのあたたかさが宗教的なものと結びついているように感じられる。しかし、このフィッシャーの演奏についてグールドは、「ぼくが学生だった40年代には、バッハの解釈に関してはフィッシャー、ランドフスカ、カザルスといった人物を仰ぐべきだと言われていたものです。彼らは皆、後期ロマン派の人物で、その演奏は催眠術的でした。この点には疑問の余地がありません。しかし、彼らのしていることの大部分は、ぼくには、バッハとあまり縁がないように思われました[10]」とはっきり言い切っている。グールドが求めたものが何かは想像できる。19世紀の写実主義の画家、ギュスターヴ・クールベ（1819-1877）が「天使を描いてください」という依頼を受けたとき、彼は「それではその天使をここに連れて来て見せてください」と言ったという。この現代人の近視眼的な眼は、グールドの言葉を見ているようであるし、われわれもこのクールベ、そしてグールドと同じ時代に生きる人間であるということを忘れてはいけないと思うのである。

　ところでフィッシャーは、その著作『音楽を愛する友へ』の中で、個では小さな存在に過ぎない人間が、より高きものへの奉仕を怠れば、その存在は"無"に等しいものになると述べ、この"より高きもの"をバッハ自身が確信し、「それをあの3つの文字 S・D・G (Soli Deo Gloria　ソリ デオ グロリア　栄光はただ神のみに) でもって象徴し、この3つの文字でもって彼はあらゆる大きな作品を閉じたのである[11]」と記している。

　バッハの生涯の前半は悲しみと苦しみの連続だった。10歳になる前に両親を亡くしている。彼は困難に遭うたびに涙を払いながら「唯一なる神に栄光！」と

叫び、自分の作品の最後に「S・D・G」と感謝を書き記した。悲しみを知り、苦しみを知る、そしてそれを感謝する者は、天の力を知る。バッハもそんな人だったのである。バッハの自筆原稿を基にして作られた現代最高の原典版でさえも、大切なバッハのメッセージであるこのサインを印刷に入れていないのは、現代の大きな謎であろう（ウィーン原典版の『平均律クラヴィーア曲集』第1巻には、このサインが印刷されている）。

インヴェンション 第3番 二長調　Inventio3　BWV774

上機嫌なバッハ

子どもにも原典版？

譜例10 『インヴェンション』第3番　冒頭
この第3番は、バッハによる書き込みがある数少ない例のひとつ。

　『インヴェンション』第3番を弾くとき、少々難解なのが出だしのテーマとそれに続く箇所ではないだろうか。**譜例10**は原典版(ヘンレ版・1955年)の冒頭部分であるが、そこには、バッハにしては例外的にアーティキュレーションが書き込まれている。アーティキュレーションとは音に表情をつけるスラー、スタッカート、**p**、**f**などの記号のことだが、著者は常々、子どもたちはこのアーティキュレーションをどのように見るだろうかと想像している。次ページの**譜例11**は、子どもたちはこのように読んでくるであろうという予測を表したものだが、

譜例 11　子どもたちはこのように譜例 10 を読むのでは？と予測した 1 例。

譜例 12　『こどものバッハ（旧版）』（全音楽譜出版社）には、以下のような適切なアーティキュレーションが示されていて、大きな手助けとなった。
例：ポロネーズ ト短調 BWV Ahn.119　冒頭

　これを見ると、「子どもたちにバッハを原典版で教えるべきか……」と考え込んでしまうのである。
　昭和 30 年代後半は、ピアノ・ブームの絶頂期だった。そのころ、高名な田村宏先生（1923-2011）が校訂・編集された『こどものバッハ』（全音楽譜出版社）が出版された（譜例 12）。これは子どもたちにとっても教師にとってもまったく素晴らしいもので、ひとつの事件とも呼べるような出版であった。「時代の流れでね、あんなものを出したのだが、なんと売れてね」と田村先生。著者は「先生、素晴らしい楽譜を出されましたね。アーティキュレーションなどは完璧ですね。あの楽譜を皆が使ったら、子どもたちは助かるし、教師だって知識が深まると思

います。ただ、楽器店に並んだときにもっとパッとわかるように、表紙を赤色か何かにされたらいかがでしょう」。その後、その通りの「真っ赤」な表紙の第2刷が出てきてびっくり。ところが、この赤本がまた爆発的人気で売れに売れたというのである。

　ところが水面下では、「正確な原典版」を研究し出版するヘンレ社がミュンヘンに設立され、世の中の楽譜に対する考えが次第に原典版志向へ動き出していたのである。そして名著『こどものバッハ』も、刊行後10年を待たずして廃刊となり、同じ書名で、無人島のような「原典版風なもの」に取って代わってしまったのを著者は残念に思う。

　アーティキュレーションがいっさい書かれていない原典版を子どもが使用するのは実際には難しく、少なくともこれを見て喜び、燃える子はいないと言ってもよかった。教える側にとっても、アーティキュレーションを細かく書き込むことは大変な作業だし、またそれができる指導者も多くないのではないか。そのことは、偉大な校訂者のものでも、子どもの心にも時代にも合う学習版が少ないということからも想像がつく。

バロック期の演奏習慣

　原典版を使って『アンナ・マグダレーナ・バッハのクラヴィーア小曲集』などを子どもにレッスンする場合、教師はさまざまな問題にさらされる。そのほとんどは、「どの音とどの音をつなげ、どの音を切るか？」「強弱の変化をどうつけるか？」——すなわち、アーティキュレーションをどうするかということである。その他、バロック期という時代様式を考えに入れたクレッシェンド、デクレッシェンドなど、音楽表現に必要な諸項目であろう。

　「隣り合う音同士のつなぎ方、切り方」は、バロック期の一般的な習慣によれば、アダージョの曲では、ほとんど全てレガートで演奏する。また、モデラートぐらいの場合（メヌエットなど）は、近接する2度と3度の音程はレガートで、それ以上離れた音程はノンレガートで演奏する。またアレグロの曲ではノンレガート、あるいはスタッカートの奏法が中心となる。ただ『イタリア協奏曲』の第1、第

3楽章などのバッハのスラーの書き込みを見ると、それらは音程の広狭の区分をはるかに超えている。そのことからも、こういったことはなかなかひとつの形として決められないようである。その他、狭い楽句でのクレッシェンド、デクレッシェンドは避ける、長い楽句でのクレッシェンド、デクレッシェンドはグループごとに行う。1グループずつ階段のようにクレッシェンドする。したがって「階段式クレッシェンド」「テラス式クレッシェンド」とも言われている。その他、ペダルは音と音をつなぐときのみ使用する、替え指などを用いてできるだけペダルは使用しない。ただ、響きのわかった人たちには、あたかもホールの響きを利用して弾いているかのように、ほとんど1拍ずつ浅くペダルを入れる方法も使われている。

ちなみに「原典に忠実に」という20世紀になって始まった新即物主義の指向する原典主義の運動は、われわれから自由に音楽する楽しみを奪ってしまったように思える。しかし21世紀に入り、少し様子が変わってきた。それは、この原典版指向を基礎に置いて、「4つの時代様式を弾き分ける力」や「優雅な気品ある演奏」などが求められるようになり、興味深い展開になったのである。

笑いまくるバッハ

さて、この第3番は軽快なフランスの古い踊り、パスピエとして演奏されてよいであろう。パスピエは『パルティータ』第5番 ト長調や『イギリス組曲』第5番 ホ短調にも含まれていて、18世紀にフランスで踊られるようになったメヌエットの前身である。

パスピエのステップはメヌエットとほぼ同じなのだが、そのテンポがかなり速いことと、踊りが終わるところでぴょんと跳び上がるという点だけがメヌエットと違う。また、パスピエ、メヌエット、それぞれの終止の前にはヘミオラがあり、曲の終止の直前には偽終止がある。

『インヴェンション』第3番は、フーガのテーマに舞踏曲を持ち込んだよい例なのだが、当時あまりなかったことのようで、バッハは伝統を取り込みながらフー

ガの革新、近代化を図っている。このことは、『平均律クラヴィーア曲集』の多くのフーガにも見られる。例えば第1巻 第3番のフーガのテーマは、『フランス組曲』第5番のガヴォット風。同じく第1巻 第13番のフーガのテーマは、『フランス風序曲』の第1ブーレからなど、舞踏曲がその源流となっているように思われる。

　バッハの音楽には、彼の有名な肖像画のように厳格、厳粛なものが多い中で、この曲には上機嫌なバッハがいるように思われる。くるくると踊りまくり、笑いまくり、奇声を上げ、急にパッと足を揃えて真面目に姿勢を正し、澄ましてみせる。それらがさまざまな音程の飛翔、リズム、装飾音、ヘミオラ、偽終止などの書法を駆使して入り込んでいる笑いの音楽だ。

　ところで、『アンナ・マグダレーナ・バッハのクラヴィーア小曲集』にも、バッハの笑いがうかがえる曲がある。第20番 a.b.c の《ある喫煙家の念頭を去来する人生訓のさまざま》というユーモア溢れる歌詞が付いた作品だ。この曲はバッハの四男、ヨハン・ゴットフリート・ハインリッヒ（1724-1763）の作品で、これを書いたとき、彼は12歳だった。この曲が載っているページの右側のページに、アンナが歌いやすいように息子の曲を4度上げて写し、歌詞を書き入れている。それにバッハが、息子の書いたバスを尊重しながら少々変奏を加え、繰り返しの記号などを整理している。つまり親子3人の合作なのである。その歌詞が以下だ。

1．わたしが愛用のパイプに
　　上等のタバコ草をつめて、
　　ひと時の息抜きを楽しもうとするとき、
　　ふと悲しげな光景が浮かんできて、
　　こんな教訓を想い起こさせるのよ、
　　わたしという存在はこのパイプそっくりじゃないのか、と。

2．パイプは土から取られた陶土の製品、
　　このわたしも同じく土くれから造られた者、
　　わたしもまたいつかは土に帰る身の上か。
　　それも、とっさの間にパイプが
　　この手から滑り落ちて、まっ二つに折れちまう
　　よくある場面が、わが身の脆さを映し出すとは。

4．さてパイプをやおら燻(くゆ)らせ始めると、
　　そうら、瞬時にして
　　煙が空中に消えてゆき、
　　あとに灰だけが残される。
　　人間の名声もこのように雲散霧消(うんさんむしょう)し、
　　その肉体は塵に帰するが落ちよ。

6．こうしたさまざまな事象が
　　喫煙に付随して現れるたびに、いつも
　　わたしにはそこから貴重な人生訓が汲みとれる。
　　だからわたしは全く安らかな気持ちで、
　　陸でも海でも、はたまた家の中でも
　　愛用のパイプを燻らせながら、敬虔な瞑想にひたるのさ。(12)

　　　　　　《ある喫煙家の念頭を去来する人生訓のさまざま》BWV515（第 3.5 番省略）
　　　　　　　　　　　　　　　　　　　　　　　　　　　　　　　　　　　杉山 好 訳

　ユーモア溢れる中にも人の命の真実が語られている歌で、これを愛したバッハの心の一面が見えるようである。彼はむろん、深い信仰心の持ち主であったのだが、その中にも大変な余裕のようなものを持っていたことが感じられる。著者が名古屋でバッハのセミナーをしたおり、その最後にユーモアを持ってこの曲のCDをかけた。B. ラクソンというバリトンの歌い手のソロで、とても楽しいものだったのだが、会場から２、３人の方が退席された。ちょうどバッハがタバコを吸いながら歌っているように聞こえるバリトンのソロに、耐えられなかったのかもしれない。

ところで以前、恩師から突然電話がかかってきたことがあった。先生は映画『アマデウス』をご覧になられて、「杉浦さん、あのモーツァルトの下品な笑いはなんなの！　私はとても耐えられなくてすぐに出てきたわよ！」。モーツァルトを愛し、モーツァルトの旅路の跡をたどってヨーロッパ中を周られた恩師にとって、モーツァルトはどのように笑わないといけないのだろう？　映画監督は、鑑賞者の中にこのような人もいることを考えに入れないといけないのであろうか？

　そんな疑問を持ちながらムジェリーニ（B.Mugellini）らの校訂版を参考にアーティキュレーションを書いてみたのが**譜例13**である。少々上品にも思えるが……。

譜例13　『インヴェンション』第3番　冒頭
　　B.Mugellini（リコルディ社）や園田高弘（春秋社）の校訂版を参考にしたアーティキュレーション。

インヴェンション 第4番 ニ短調　Inventio4　BWV775

嵐の日に

激しさを秘めた舞踏曲

　チェンバリストのワンダ・ランドフスカは、この第4番を「嵐のような曲」と述べている。彼女の演奏する『インヴェンション』はまだ聴いていないのだが、『半音階的幻想曲とフーガ』ニ短調BWV903はまったく震え上がるほどである。バッハの書いたニ短調の曲が、どれも怖いというわけではないのだが、「火のように激しいもの」や「情熱」を感じさせる曲がこの調に多いのは確かである。『平均律クラヴィーア曲集』第2巻の第6番や『イギリス組曲』第6番のジーグもそう感じさせる。バッハの伝記を最初に書いたフォルケル（1749-1818）は、この曲集は「イギリスの高貴な方から依頼を受けて作曲された」と記している。このことが、この曲集が『イギリス組曲』と呼ばれる根拠になっているのだが、異論も多いようである。「イギリスの高貴な方から依頼」というのに、全6曲を締めくくるジーグに火のような速いテーマ、燃え上がるような恐怖を感じさせるトリル、そして終止の直前には1オクターヴにわたる死の象徴である下降半音階を用意して、聴く者を奈落の底に落としめんとするような曲を置くだろうか？

　そしてよく見ると、このジーグは『インヴェンション』第4番の変奏であることがわかる（次ページ**譜例14**）。2つの作品の制作時期があまりはっきりしないのだが、ほぼ同じ（1720年前後）だったようである。

　『インヴェンション』第4番は、バロックの時代にはあまり考えられなかった壮大なスケールの『半音階的幻想曲とフーガ』と出だしや内容が似ていて、短い曲の中に実にドラマティックな表情を持っている。この曲はクーラントと言って

譜例 14　『インヴェンション』第 4 番　冒頭（上）と
　　　　　『イギリス組曲』第 6 番ジーグ　冒頭（下）
　　　　　ジーグは『インヴェンション』のテーマの変奏かもしれない。

譜例 15　『インヴェンション』第 4 番　第 34 小節〜
　　　　　1 段、2 段と曲が進むたびごとに 3 拍子に 2 拍子を混ぜて（ヘミオラ）終止感をはっきり
　　　　　させながら、曲の終止の直前には偽終止を導入し、激しい流れにブレーキをかけている。

もよいだろう。飛び跳ねる旋律、恐怖を感じさせる 2 回の長いトリル、また終止の直前には激しい動きにブレーキをかけるかのように偽終止が用意され、またそれぞれの段落終止の直前にはヘミオラがあって、終止感をより強く支えている（前ページ **譜例 15**）。何よりも減七の音程の躍動が、ピアノではそれほどでもないのだが、繊細な響きを持つチェンバロで弾くと、その怖さが倍増する。なお、この減七の音程は、『インヴェンション』第 13 番で後述することになるが、「人間に入り込んだ罪」のフィグーラ（音型）としてバッハによって大切に扱われている。

さまざまなクーラント

　クーラントはフランス語の Courir（走る、急ぐ）から来ているようで、したがって「速い」曲ということになる。そして、フランス式のクーラント、イタリア式のクーラント、といったお国柄もある。フランス式クーラントは優雅でテンポも緩やかだが、イタリア式クーラントはコレンテと呼ばれていて、テンポが速い。『フランス組曲』の第 2、4、5、6 番のクーラントがイタリア式だが、どれもきわめて快速で、曲も踊りもまったく違うのには驚かされる。楽譜を見ただけでも「どうしてこれが同じ名前の踊りなの？」と思ってしまう（**譜例 16 - 1 ～ 3**）。

譜例 16- 1　**『フランス組曲』第 1 番 クーラント　冒頭**
　　　　　　ほとんど 4 声体で書かれていて速く弾けない。フランス式でテンポが遅い。

譜例 16- 2 『フランス組曲』第 2 番 クーラント　冒頭
　　　　　イタリア式でコレンテと呼ばれ、テンポは速い。

譜例 16- 3 『フランス組曲』第 5 番 クーラント　冒頭
　　　　　イタリア式で（コレンテ）、速いテンポ。

　バッハの時代には、これらの曲はすでに踊られなくなっていたようで、バッハ自身も同じ名前の舞踏に、意図的に異なる音楽を書こうとしていた様子がうかがえる。ただこれは、クーラントに限ったことではなく、アルマンドやジーグにもそれぞれお国柄があって、このあたりはしっかりと理解しておきたいところである。

　バロック舞踏曲を知ることは『インヴェンション』の重い扉を開くことにつながり、またポリフォニーの世界に親近感をも持たせてくれる。

　アルマンドについても、同じ『フランス組曲』からその例を挙げてみよう。次ページの**譜例 17**- 1 、2 は第 1 番と第 6 番だが、テンポや雰囲気などまるきり異なっている。この『フランス組曲』のレコードすらあまり発売されていなかったころ、毎日学生音楽コンクール（全日本学生音楽コンクール）で第 6 番のほうが予選の課題曲になったことがあった。著者はそのころ、第 6 番のアルマンドはイタリア式アルマンドだと学習したばかりだったので、張り切って生徒たちに快速なテンポ

譜例 17- 1 　『フランス組曲』第 1 番 アルマンド　冒頭
　　　　　　4 声体風でフランス式、緩やかなテンポ。

譜例 17- 2 　『フランス組曲』第 6 番 アルマンド　冒頭
　　　　　　2 声で活発なイタリア式。

で演奏させた。ところが、そのように速く弾く人は誰もいなくて、生徒たちが予選通過できない憂き目にあったことがある。本で読んだだけの浅知恵では難しいのだと痛感したものだった。

荘重なダンス、サラバンド

　そのほかのバロック舞踏曲にも目を向けてみよう。
　『インヴェンション』第 9 番 ヘ短調は、サラバンド風に書かれていて、僅かではあるが『フランス組曲』第 5 番のサラバンドを思い出させる（**譜例 18- 1 、2**）。

譜例 18- 1 　『フランス組曲』
　　　　　　第 5 番 サラバンド　冒頭

譜例 18- 2 　『インヴェンション』
　　　　　　第 9 番 冒頭
　　　　　　譜例 18-1 のサラバンドと
　　　　　　どこか似ている。

スペイン語でZarabanda(サラバンダ)といえば、元来「どんちゃん騒ぎ」という意味のようで、この舞踏がメキシコのほうからスペインに入って来たとき、当時の国王は、そのあまりの品の悪さにサラバンドを踊ることを禁じ、そして禁を破った者には国外追放という厳罰を処したほどである。スペインでは乱暴で粗野だった舞踏曲がフランス宮廷に入り、荘重なダンスに変わる。宮廷でロウソクの明かりの下、重い衣装を身に着けて踊る——バロックの幻想的な夢の世界へ誘われる。『マタイ受難曲』BWV244 の終曲もサラバンド（風）である（次ページ**譜例 19- 1**）。『フランス組曲』第４番のサラバンドとよく似ていて、受難曲の演奏会では、この揺れるような終曲が始まると、「私たちはここまで来たのだ」「この終曲を聴くために今までがあったのだ」というような感慨に出合う。連続する死の音、C 音（後述）にのせられて、サラバンドの４分の３拍子が揺れる。そしてその終止は、バロックの習慣的なピカルディ終止（短調における長三和音での終止）ではなく、厳然としたハ短調で終止する。暗く悲しくつらい長７度から短三和音への終止、「シ→ド」が強調され、あたかも音が軋(きし)むかのようで耳に痛烈に響く（44 ページ**譜例 19- 2**）。

　この音を耳に残して、会衆は拍手することなくうなだれて会場を去る（受難曲では拍手はしない）。この終止によって会衆は、それまでたどってきたイエスの苦難を再び呼び起こし、終止音の短三和音への解決を、苦しくまた悲しく受け止め、その中にそれぞれの希望と喜びを見つけようと、黙(もだ)した子羊のようにとぼとぼと、サラバンドに揺られながら帰路につくのである。

インヴェンション 第4番

譜例 19-1 『マタイ受難曲』の第 68 曲（終曲）
《私たちは涙とともに崩れ落ちて》冒頭
この曲は『インヴェンション』第 9 番と同じサラバンド風。

譜例 19-2　『マタイ受難曲』終曲、最後の 2 小節のオーケストラ・パート

3 種類のジーグ

　ジーグはイギリスの古典舞踏「ジグ」から来ているようである。ジグは日本語になっているジグザグやジャズなどの語源とも言われている。またジーグとされている曲でも、これが同じ舞踏の曲なのかと思ってしまうほどさまざまなものがある。バッハはおよそ 3 種類のスタイルでジーグを書いた。

① 『フランス組曲』第 1、2 番にあるような、リズムに付点のある複雑なフランス式のもの（次ページ**譜例 20-1**）。
② 8 分音符で書かれた 8 分の 6 拍子、8 分の 12 拍子のイタリア式のもの（同**譜例 20-2**）。
③ 16 分音符を中心に書いた 16 分の 12 拍子のイタリア式のもの（同**譜例 20-3**）。

譜例 20- 1 　『フランス組曲』第 1 番 ジーグ　冒頭
　　　　　付点音符のある、緩やかなフランス式ジーグ。

譜例 20- 2 　『イギリス組曲』第 3 番 ジーグ　冒頭
　　　　　8 分の 12 拍子のイタリア式ジーグ（ジーガ）。

譜例 20- 3 　『フランス組曲』第 5 番 ジーグ　冒頭
　　　　　跳ぶようなイタリア式ジーグ (ジーガ)。

　バッハの晩年の弟子だった J.P. キルンベルガー（1721-1783）の著書『純正作曲の技法』（東川清一 訳、春秋社、2007 年）によれば、バッハはこの 8 分音符と 16 分音符で書かれた 2 種類のジーグを、はっきり弾き分けていたようである。すなわち、彼は 16 分の 12 拍子のジーグを弾くときは、アクセントをほとんどつけず、非常に速く、走り抜けるほどのテンポで弾いたのである。

頭 → 手・指 → 耳

　ピアノを弾くとき、われわれはとかく手のことばかりに関心がいき、手をコントロールしている肝心の頭（脳）の働きを忘れがちではないだろうか。右手は左脳が、左手は右脳がコントロールする。そして右脳は「音楽脳」と言われ、左手を使うことによって右脳が刺激され、感性が呼び覚まされるのだ。このことは20世紀後半の脳科学の偉大な発見であった。しかしロマン派の多くの楽聖たちは、すでにこのことを本能的に知っていたようである。

　たとえばシューマンの『トロイメライ』の出だしを見ると、左手を大きく開いて10度を弾かせようとしている。左手を使って右脳を刺激し、そこから感性を引き出そうとしているかのようである。まさに「感性の10度」と言える。ショパンも同様に、『幻想即興曲』の開始部分など、ほとんど本能的に左手を使って奏者の感性を引き出そうとしている。

　実は、『インヴェンション』や『シンフォニア』学習の大きな目的がここにある。まず奏法の基礎の確立と定着、そして頭の使い方があって、手指の使い方がある。当然のことながら頭と手が連動する。ここがピアノ奏法の大切な基礎であろう。この基礎がきちんとしていないと、脱力もまったく無駄になってしまう。大バッハは『インヴェンション』の「序文」で、その目的を以下のように述べている。「——主要な声部をたくみに処理することを学び、すぐれた楽想を手に入れ、それらを上手に展開し、カンタービレな奏法を会得し、あわせて作曲への関心をも養う」——ここには、ピアノを学ぶ全ての人が理想とすべき奏法が見事に示されていないだろうか。

　ところで、『インヴェンション』第4番から少し遠のいてしまったが、この曲のテーマは十字架の形をしているように思われる。またテーマには減七の音程が含まれているし、間奏部には長いトリルなども挿入されていて、少し十字架の恐怖に近い雰囲気を創り出している。

　イエスの受難については、この後『インヴェンション』第7番、第9番、第11番、第13番などでバッハの聖いメッセージを聴くことができる。

インヴェンション 第5番 変ホ長調　Inventio5　BWV776

さぁ、元気よく声を掛け合って

人のために尽くす

　1952年のことである。ノルウェー・ノーベル委員会は、ノーベル平和賞候補者31名を審議した結果、「該当者なし」と発表した。常に穏健なノルウェーのマスメディアが、このときほどこぞって委員会を非難したことはなかった。さらに、多くの若者層が抗議の声を上げた。それは候補者の中のアルベルト・シュヴァイツァーただひとりのためであった。彼は21歳のある日、「自分の幸福を当たり前なこととして受けとめてはいけない。人のために尽くさねばならない」という気持ちを抱くようになった。そして「30歳までは学問と芸術に生きることを許してもらい、それからは人への奉仕に一生を献げよう」と決心した。そして29歳のとき、偶然アフリカのランバレネで医師を求めていることを知り、フランスの名門、ストラスブール大学での教職、栄誉ある教会オルガニストの職、そして文筆業のいっさいを捨て、恩師や家族の大反対を押し切って当地へ赴いた。

　ところで、アメリカ人医師、エドガー・バーマン（1915-1987）は、ランバレネで1960年ごろからシュヴァイツァーの片腕となって奉仕し、後に『シュヴァイツァーとの対話』を出版した。その中で、シュヴァイツァーの生き方の根幹を成している宗教哲学「生命への畏敬」が、バッハの音楽に依っていることが彼自身の言葉で語られている箇所があって、感銘を受ける。バッハは教会を愛し牧師を愛し信徒を愛した。彼は自分の音楽でもって牧師を激励し、信徒ひとりひとりの信仰を助け、信仰への思いを強め、励まそうとした。その熱いバッハには「キリストへの愛」「人々に対する深い愛」があったはずである。バッハは当時、時

代遅れの作曲家と見なされていたが、それでも淡々と独自の書法で音楽を書き続けた。しかしそれから約300年、バッハの音楽はますます金字塔のごとく燦然と輝いている。「このように、いつまでも存続するものは、信仰と希望と愛と、この三つである。このうちで最も大いなるものは、愛である(13)」と聖書に記された通りであろう。

　彼の言う「生命への畏敬」とは、人が「他者を愛する」というようなことに留まらず、動物も植物も「生命」あるもの総てを「愛する」「尊ぶ」という思想なのである。シュヴァイツァーは新聞記者とのインタヴューのおり、その記者が手にとまった蚊をたたき殺したのを見て、「あなたはそうして蚊を殺す権利を誰に与えられたのか？」と叫んだそうである。

　『シュヴァイツァーとの対話』には、シュヴァイツァーの困難な日常における喜びや楽しみも描き出されている。たとえば、動物たちの声がするアフリカのランバレネでシュヴァイツァーがオルガンを弾いていると、どこからかドラムの音が聞こえてきたという。徐々に大きくなっていくそのビートは、近くの村から響いてくるものだった。「二人の演奏はやがて一体化した。それは手製のオルガンを奏でるシュヴァイツァーと、これまた原始的な手作りの楽器を叩くドラマーとによって生み出された、感動を呼び起こさずにはおかない、バッハの『プレリュードとフーガ』だった(14)」。思いがけず始まったその演奏は、リハーサルなしのセッションだったとは信じがたいほど素晴らしく、演奏が終わると、ジャングルはしばし静まり返ったというのである。

　バッハ作品の演奏で知られるフランス・ジャズ界の名門、ジャック・ルーシェ・トリオは、テーマだけをバッハから借りるのではなく、まずリズム・セクションをバックにバッハの曲全体を演奏し、続いてそれによるアド・リブを展開する。リズム・セクションに裏打ちされたバッハが、ここでもジャングルの中でのシュヴァイツァーたちの演奏のように脈動し、生き返り、新しいバッハを展開するように思われる。このピアノ・トリオは『インヴェンション』をも、そのレパートリーに入れている。

　個性的なバッハは、一見全てを拒否し、独立しているように見えながら、実は総てを包含することのできる、小川（ドイツ語で「Bach」は「小川」の意）ならぬ

大河なのである。戦前来日し、帰郷する機会を失ってわが国で亡くなったピアニスト、L. クロイツァー（1884-1953）は、その著作の中で「ここには、もう人生のまっただなかに生きる人間の魂の闘い、不安、変動、盛衰、恍惚、絶望といったものは見当たらない。これらはみんな、すでに音楽に触れる前に調整され、清められるのである(15)」と語っている。それだからバッハの音楽は、いかなる楽器やジャンルにおいて演奏されようと、その命はいずこにも生まれ変わることができるのかもしれない。

「メッセージあり」のサイン

　変ホ長調は、フラットが3つということで、バッハが三位一体を象徴する際にしばしば用いた調である。キリスト教においては、「父」「子」（イエス・キリスト）「聖霊」は、個別に見えて実はひとつのもの「神」を指す。したがってバッハにおいて変ホ長調は、調和や平安を表す。この変ホ長調を、バッハは『平均律クラヴィーア曲集』第1巻 第7番のプレリュードや、フルート・ソナタ 第2番（BWV1031）第1楽章などに用い、「心のやすらぎ」「魂の平安」を得るような曲を書いた。

　ところで、『インヴェンション』第5番は少し様子が違うようである。4小節にわたる長いテーマ（次ページ**譜例21**）と、16分音符の勢いある対位主題に乗って、張り切って声を掛け合いながら曲が進む。校訂版にも deciso（思い切って）などの発想記号が見られる。「魂の平安」を象徴する変ホ長調でありながら、この曲のように元気いっぱいな曲もありなのだ。

　出だしを見てみると、左手に「Es → 8度下の Es」というオクターヴ下降フィグーラ（音型）がある。このような音型は「この曲にはメッセージがある」ことを示している。「Sanctus」、すなわち「聖なる」とバッハが語り出すサインを表しているようである。ロ短調ミサ BWV232 の《サンクトゥス》においては、バスが「Sanctus」とオクターヴで歌いあげる（同**譜例22**）。『インヴェンション』全15曲の中には、このオクターヴの音型で開始している曲が他にもある。第7、9、13、14番、それによく見ると第11、15番も仲間に入れてもよい。

譜例 21 『インヴェンション』第 5 番　冒頭
　　　　例を見ないほどの長いテーマ。

1 オクターヴ下降

譜例 22　ミサ曲 ロ短調《Sanctus》冒頭（合唱と通奏低音のみ掲載）
　　　　バスは「Sanctus」をオクターヴで繰り返す。

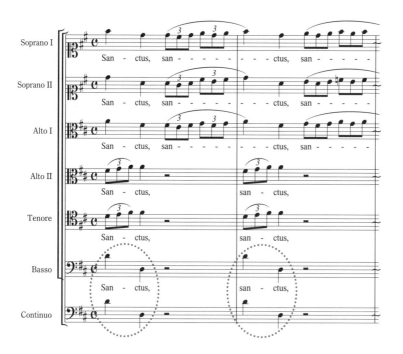

数の象徴

　ここで、少し違う角度からこの曲を見てみよう。バッハの書法のひとつに、「数を用いてさまざまなことを表す」というものがある。

　たとえば、『平均律クラヴィーア曲集』第 1 巻 第 1 番のフーガのテーマは 14 個の音符で書かれているが、これは「巻頭のご挨拶」という意味を込めて、バッハが自身の名前を「署名」したと考えられる（**譜例 23**）。つまり、「A＝1　B＝2　C＝3　D＝4　E＝5　F＝6　G＝7　H＝8　I＝9……」と考えると、「B＋A＋C＋H＝2＋1＋3＋8＝14」となるのだ。

　6 は天地創造に用いた日数としたことから、作ること、創作、作品、働くことを表した。たとえば『6 つのフランス組曲』『6 つのパルティータ』の 6 は作品、労作、働きを示している。

　また神は、天地創造の後に 1 日休んだとして、全行程に要した日数 7 を、大切な数、祝された数、聖なる数、教会、福音、至福、慈愛などを意味するとした。

　10 は十戒とし、正しい人、正しい行い。十戒とは、旧約聖書でモーゼが神から受けた 10 条の戒めで、「唯一の神への信仰、偶像礼拝の禁止、神の御名の大切さ、安息日を守ること、父母を敬うこと、殺人をしてはいけない、姦淫をしてはいけない、盗んではいけない、偽証してはいけない、貪欲であってはならない」。

　11 はイエスの弟子の数で、イエスが捕まえられたときには全員逃げてしまったが、イエスの復活を目の当たりにして、彼の教えを全世界に広めようとして全員殉教する。したがって 11 は不幸、死の象徴とした。

　そしてまた、これらの数の倍数などもまったく同じ意味に用いた（例：14（7×2）、21（7×3）は 7 と同じ意味／20（10×2）は 10 と同じ意味）。

譜例 23　『平均律クラヴィーア曲集』第 1 巻 第 1 番 フーガ　冒頭
　　　14 の音符からなるテーマ。14 は、Bach のサインを表す。

もう一度『インヴェンション』第5番に戻り、音符の数を数えてみよう（**譜例24**）。1小節ずつ見ていくと、最初の小節6個、第2小節6個、第3小節10個、そして第4小節9個に、次の小節のフレーズ最後の音1個を入れて合計10個になる。「6＋6＋10＋10＝32」、合計は32だが、各々の数を見ると6は「働き、奉仕」、10は「十戒、義の人、正しい人」なので、つなぎあわせると「働きなさい、人のために、正しい人よ、義の人よ」というメッセージが読み取れる。したがって演奏にあたっては、通例のバッハの変ホ長調の「調和」「平安」とは違い、この曲では思い切って元気よく、声を掛け合って奉仕する心を表現していきたい。

譜例24　『インヴェンション』第5番　冒頭

　また、曲の終止を見ると、バッハがユーモアを持ってこの曲を書き終えたことがわかる。そこには他の曲ではあまり見られないような即興的な長い装飾音が書かれていて「頑張ったね、休みなさい、フーッ！」と言っているようである（**譜例25**）。

譜例25　『インヴェンション』第5番　最後の3小節

インヴェンション 第6番 ホ長調　Inventio6　BWV777

コントルダンスのごとく

笑い声が聞こえる

　冒頭、左右の手が互い違いに動きながら近づき、また離れていく（**譜例26**）。ちょうど、村の広場の2つの向き合った入り口それぞれから、澄ました男女のペアがすり足で出てきて（転回対位法：転回した主題をも使う）、広場の中ほどで2組がすれ違う。そのとき、恥ずかしさからか「フフッ」と笑い合う（1小節の経過〈ブリッジ〉句／次ページ**譜例27**）といった情景が思い浮かぶ。

譜例26　『インヴェンション』第6番　冒頭

　第2部（第29小節〜）は、テーマとテーマの間にある短いこの「笑い」の経過句を利用して展開していく（次ページ**譜例28**）。
　再び広場に入って来たダンサーたちはますます照れて、すれ違いざまに笑いが止まらず、やがてはハメを外す。ナポリの6の和音まで紛れ込ませ、その上、第39、40小節にあるヘミオラで笑いこけて3拍子を圧縮し、笑いは感極まる、というような楽しいコントルダンスを連想させる。このポロネーズ風の間奏の箇所

譜例 27 『インヴェンション』第 6 番　第 4 小節〜
「フフフッ」という笑いのような経過句。

譜例 28 『インヴェンション』第 6 番　第 27 小節〜
やがて笑いは止まらなくなり、ステップが乱れる。

は、12 世紀のケルト族の踊りに見られたある風習を表すために、バッハが取り入れたものだったかもしれない。その風習とは、踊っている最中に、その踊りをもう一度繰り返したいとき、軽やかに笑ったり首をすくめたりするような動作を行うというものである。

この曲に限らず、バッハには笑いを連想させるような作品がいくつかある。**譜例29**は有名な『ブランデンブルク協奏曲』第5番 ニ長調 BWV1050の山だし部分であるが、バッハに叱られるのを覚悟で、これに笑い声の歌詞を付けてみると曲の楽しさが倍増するようである。また、『ブランデンブルク協奏曲』第3番 ト長調 BWV1048でも「笑い」が連想される。精神病理学で高名な木村敏（びん）は、著書『形なきものの形』の中で、ある評論家がバッハの本質は笑いだと語ったことを取り上げ、それを見抜ける人はそうたくさんはいないと述べている。そして、バッハの音楽は、小さなものから大規模なミサ曲に至るまで、「その一音一音に彼の生活がにじみ出ていない音はない。バッハこそ本当に音楽を生きた人だといえるでしょう。バッハの音楽は偉大で深遠である、とする考えをまず捨てることです[16]」と記していて、われわれ音楽を専門とする者に新鮮なショックを与える。

譜例29　『ブランデンブルク協奏曲』第5番　冒頭
　　　　楽しい笑い声が聞こえてくる。

グールドとシフのアド・リブ

『インヴェンション』第6番において、グレン・グールドはほんの僅かなアド・リブを入れている。彼の演奏を聴いていると、たくさんの箇所にアド・リブを入れているように感じるのだが、実際にはたった2小節だけで、グールドが高鳴る心を抑えているように思ってしまう（**譜例30**）。同じく多くのバッハ作品を録音しているアンドラーシュ・シフは、最初は譜面どおりに弾いているのだが、繰り返しの部分では、俄然「バロック時代の奏者は、きっとこのようにしたであろう」というような素晴らしいアド・リブを展開し、グールドの歴史的名演をも圧倒するのである（次ページ**譜例31**）。その繊細さと音楽の純度の高さには、まったく驚嘆させられた。

譜例30 グールドの演奏は、どこもアド・リブのように聞こえてくるのだが、『インヴェンション』第6番の録音では第10小節（上）と第52小節（下）、僅か2小節が彼のアド・リブである。

（採譜：杉浦 寛）

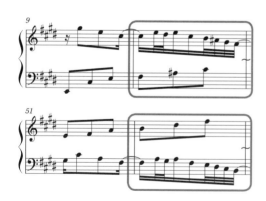

インヴェンション第6番

譜例31 シフによる第6番の録音のすてきなアド・リブ（第1〜20小節、繰り返し時）。

(採譜：杉浦 寛)

　著者が高名な山田貢先生にチェンバロを習っていたおり、「バッハはこれだ」と思ったことがしばしばあった。そしてそれをピアノでやってみると、見事にまったくできないのである。ついに楽器のせいにして、「ピアノって鈍い楽器なんだなぁ！」と大いに嘆いたものであった。クラウディオ・アラウも、バッハの全鍵盤作品を12回にわたるリサイタルで弾いて以降、二度とバッハ作品を演奏しなかった。そして彼はその理由を、「あの連続演奏会を終えた後でですが、バッハ

作品は、チェンバロで弾くときにもっとも確実にバッハを感じることができると思ったからです[17]」と述べており、ピアノ演奏の難しさを告白している。

　ところがシフは、そのピアノによるバッハ演奏の壁を見事に突き破ったのである。彼の柔軟性に富んだ手と、素晴らしく繊細な感性と、バッハに対するひたむきで真摯な態度が、それを実現させたと思われる。シフが子どもだったころ、グールドは彼のアイドルだったし、また啓示でもあった。そして導入期からバッハを弾こうとした。14歳になったとき、彼は好きなバッハを突き詰めようとロンドンに留学して、高名なチェンバリストのジョージ・マルコム（1917-1997）についた。このマルコムから、バロック時代を知るための学問的な感覚の身につけ方や、その時代の演奏習慣などを教わった。そして、バッハは楽譜で何も指示していないのだから、それらを弾くためには、受難曲、カンタータなど、バッハの作品を全体にわたって徹底的に理解するよう教えを受けたようである。

インヴェンション 第7番 ホ短調　Inventio7　BWV778

佳曲の背景にあるドラマ

バッハの抒情性

　「バッハは抒情的か？」と問うとき、著者には小説家、小川国夫（1927-2008）の美しい一文が思い出されてならない。旅の日の終わり、夕日を浴びながら遠くポワティエ市を望む。車の中のカセットから流れてくるバッハのフルート・ソナタと、美しい自然との調和が心にしみ入る、大変詩的な箇所である。「眺めは広大だったから、どうしてこんな微かな音楽が、全体に調和を与える中心になるのか不思議だった。ひそひそ話のようでいて、決して閉じない。親しみ深く、しかも普遍的な音の性質を実感した[18]」。

　バッハと自然との詩的な美しい調和の体験をこのように端的に描いた小川国夫は、若いころより、最初は単車で、後に車に乗り換えてヨーロッパを旅しながら数々の興味深い作品を残している。

　もうひとつ、バッハの抒情性を考えるときに思い浮かぶ文章がある。演劇人として著名な斎藤晴彦（1940-2014）のものである。斎藤は、バッハのメロディを永遠に続く時の刻みのように感じると述べ、そのバッハを夕方、特に日の短い時期の夕方に聴くのがお気に入りだったという。「明るさが微妙に変化していく中にバッハを聴くと、とても懐かしくなる。懐かしさを感じさせる音楽といったら、オレは何よりもバッハだ[19]」と、その著書に書いているのである。

音で絵を描く

　ところで、バッハ自身は夕暮れをどんなふうに捉えていたのであろう。『マタイ受難曲』の美しいバスによるレチタティーヴォ・アコンパニャート（オーケストラ伴奏によるレチタティーヴォ）、第64曲《涼しい夕暮れにいたり》の箇所を、バッハはどのように音にしているかを観察してみよう（**譜例32**）。凪いでいく微風に梢の小さな葉が揺れ動く様を、彼は同音を反復するヴァイオリンの細かな刻む動きで、実に美しく、微細に表現している。そこでは夕暮れというものを、梢や木の葉の小さな揺れのようなものに置き換えて、まことに客観的に描いてみせてくれるのである。

　音楽学者、カール・ガイリンガーは、「バッハの音楽における象徴法」という講演の中で、この箇所を例にとって、音によって絵を描いてみせるバッハの音画法を説明している。

譜例32　『マタイ受難曲』第64曲《涼しい夕暮れにいたり》　冒頭

「ここでバッハはその場面のある一点だけを描くことによって、夕暮れの雰囲気を描写している。(中略)『われわれがロマン的と呼びたくなるような』音画の源はロマン派の音楽のそれとは同じではない。なぜなら、彼は夕暮れの微風の下でやさしく震える木の葉をわれわれの目に見せてくれるのである[20]」(『 』内は著者による)。

ところで、最初にこのバッハの音画的手法に着目し、光を当てたのは他でもないアルベルト・シュヴァイツァーであった。彼はバッハを、何よりもテキストの中に詩情を求め、それを追求していったという点で偉大な詩人の心の持ち主だったと評しているのである。話が蛇行してしまったが、「バッハの抒情」に固執したい著者の思いの一端を書かせていただいた。

5度の下降音型

それでは本題に入ろう。『インヴェンション』第7番は美しい抒情的な作品である。バッハはゆったりとしたこのような曲に、「悲しみの5度」として5度の下降音型を好んで使っている。

『平均律クラヴィーア曲集』第1巻 第4番のプレリュードは、悲しみに満ちた名曲なのだが、ここにもその音型が用いられている(次ページ**譜例33**)。また、『ヨハネ受難曲』BWV245 第7曲のアルトによる悲痛なアリア《わたしの身にからみつく、さまざまな罪のいましめから》(同**譜例34**)や『マタイ受難曲』にもたびたび見られる、この曲の中心的コラールとなっている《血潮したたる、主のみかしら》は、宗教改革者マルティン・ルターの作曲とされている。彼は大衆が歌えるように当時のはやり歌から採ったと言われているが、この曲もなんと下降する5つの音からできているのである(同**譜例35**)。

このように考えていくと、『インヴェンション』第7番に託したバッハのメッセージがわかってくるように思われる。またホ短調という調性に関しても、彼の愛したヘ短調とともに受難の調として特別に扱っているのである。

譜例33　『平均律クラヴィーア曲集』第1巻 第4番 プレリュード　冒頭
　　　　悲しみの音型（5度の下降）。

譜例34　『ヨハネ受難曲』第7曲　第9小節～
　　　　《わたしの身にからみつく、さまざまな罪のいましめから》
　　　　アルトによる悲痛なアリア。

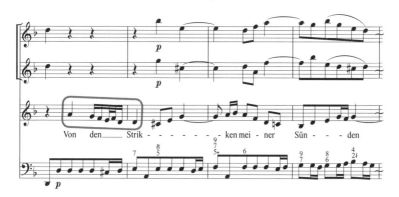

譜例35　『マタイ受難曲』でも何度か用いられているコラール
　　　　《血潮したたる、主のみかしら》のメロディ（歌詞は第9節）
　　　　この中心的コラールは、マルティン・ルターの作曲。

実は受難曲

まずこの第7番で目に入るのは、冒頭左手バスのオクターヴの下降であろう。これは第5番の章でも述べたように、バッハが「この曲にはメッセージがありますよ」と語るとき、曲の冒頭に書くフィグーラである（**譜例36**）。曲は一見、美しい抒情的な作品のように見えるのだが、実は壮大な受難曲である。

「悲しみのフィグーラ」と呼ばれる下降する5つの音は、現代でもレトリック（修辞法、書法）のしっかりした作品の中には見られる音型である。三善晃氏もこれを用いている。氏が母君を亡くされてほどなく書かれた『こどものためのピアノ曲集 音の森』（カワイ出版、1978年）の中の《おもいで１》（p.11）である。また今世紀に入って、今度は妹君を亡くされた後に書かれた《妹のポケット》（『ピアノ曲集 音の栞』カワイ出版、2005年、p.14）のテーマにも、5音の下降音型が用いられている。

譜例36 『インヴェンション』第7番　冒頭

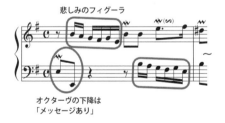

ところで聖書のマタイによる福音書27章には、イエスが十字架にかけられ息を引き取るまでの様子が、時を追って克明に描かれている。それによれば、夜が明けると（午前7時ごろ）祭司長や民の長老たちは、イエスにローマの総督ポンテオ・ピラトの裁判を受けさせる。ピラトはイエスに罪のないことを知っていたが、暴動が起きることを恐れて、イエスを祭司長たちに渡す。その後イエスは十字架を背負わされ、ゴルゴダの丘に向かって歩く。そして午前9時ごろ、十字架

に手足を釘で打たれて丘の上に立てられる。ペルシャで考え出されたこの十字架刑は、激痛を長時間与える最極刑とされていた。

十字架音型とC音

『インヴェンション』第7番に場面描写があるとすれば、時間はイエスが手足を釘で打たれた午前9時ごろから、息を引き取る午後3時ごろまで、悲しみの中で見守る人々の気持ちを描こうとしたように思われる。午後3時にイエスは、「わが神、わが神、どうして私をお見捨てになったのですか」と大声で叫ばれ、息を引き取られる。そこではバッハの音楽は、長い時間の経過と「今イエスが息を引き取った」とその瞬間の時を告げ、すぐさま曲を閉じ、沈黙が周りを支配するように書かれている。この出来事を見守った人々の中には、兵士たち以外にイエスの母マリア、マグダラのマリア、ゼベダイの子たちの母、そしてガリラヤから従ってきた多くの女性たちがいた。ところが、3年間イエスと寝起きをし、彼に愛された弟子たちの姿は、若いヨハネを除いてひとりも見えなかったようである。彼らは死が自分たちに及ぶことを恐れたのか、蜘蛛の子を散らすように離散していった。この弱虫の弟子たちは、自分の命を捨てて、イエスの教えを全世界に伝道する勇気を与えられる。しかもその勇気は並みのものではなく、弟子の全員がそのために殉教したのであった。

『インヴェンション』第7番は第1部、第2部と悲しみのフィグーラが繰り返されるが、第3部に入ると、にわかに様子が変わる。ここにバッハのある意図が読み取れる。次ページの**譜例37**にあるように、ソプラノに十字架の形をした音型が3回、バスにも3回、そして意図的に長いトリルが、まったくもって地面を震わす場面のように書き込まれる。そして終止の直前、バスに長いC音が現れて「今イエスは息を引き取った」ことをはっきりと伝える。C音はバッハでは「死」を表す。著者はこの曲を弾いていて、いつもあまりの痛々しさに、終止の音を即興的にアルペッジョの和音に替え、バロックの習慣である第3音Gを半音上げてピカルディの3度にし、曲と心に光を差し込ませたい気持ちに駆られてしまう。

譜例 37 『インヴェンション』第 7 番　第 15 小節〜
　　ソプラノに十字架の形をした音型が 3 回、バスにも 3 回、そして意図的に長いトリルが
　　地面を震わす場面のように書き込まれる。

「死」を表す C 音で「イエスが息を引き
取った」ことを知らせる

インヴェンション 第8番 ヘ長調　Inventio8　BWV779

大笑い

アッ バッハッ ホッホッ♪

　第6番でも触れた「バッハの基本が笑いであることを見抜ける人は、そうたくさんはいない(16)」と言い切った精神病理学者、木村敏の卓絶したバッハ観にぴったりの曲であろう。そしてまた、「ワッハッハッ！」と笑い続けるような『ブランデンブルク協奏曲』第5番や『イタリア協奏曲』にどこか似ている。著者は冗談交じりに、この曲に「アッ バッハッ ホッホッ」と歌詞を付けて、曲名を《バッハ家の笑い》として生徒に歌わせたことがある。指が回ればよいとばかり、生徒たちがあまりにも速いテンポで弾くからである。歌えるテンポがよいと思った末の苦肉の策だったが、どうも品位に欠けたようで家族のひんしゅくを買ったものである。

　この曲がトッカータ風と言えるのは、『トッカータとフーガ』ヘ長調 BWV540とテーマが酷似しているからだろうか？（次ページ**譜例38**）このオルガンのための『トッカータとフーガ』は、バッハのオルガン作品の中でも傑出したもののひとつとされるが、著者はバッハの技巧に対する何か意図的なものが見え過ぎていて、好きになれずにいる。

　また、バッハにおいてヘ長調の曲というと、バッハがずいぶん手を入れた『イタリア協奏曲』に代表されるかもしれない。他にも『イギリス組曲』第4番などのように、流れがあり「演奏会向けピース」のように感じさせるものもある。『インヴェンション』第8番もその仲間であろう。

譜例38　『トッカータとフーガ』ヘ長調　トッカータ 第2部分
　　　　『インヴェンション』第8番と似たテーマを持つ。

神のユーモア

　若い日、初めて山田貢先生のチェンバロのレッスンを受けたとき、先生は「それでは『インヴェンションとシンフォニア』からやりましょう」とおっしゃった。当時30代半ばだった著者は、猛練習をしてレッスンに備えたものだった。「ピアノと同じ顔をした鍵盤なのに、メロディもリズムもまったく思うようにできないな…」と思いながら『インヴェンション』第8番まで進んだ。『インヴェンション』の中では、何の変哲もない内容の薄い曲だと思っていたこの曲を弾いていると、先生が急に立ち上がり、「ちょっと弾かせてください」と言われた。それは生気に溢れ、素晴らしい律動感があたり一面に飛び散るような演奏だった。とても繊細で、しかも「神のユーモア」のようなものが感じられた。レッスンが終わり、帰り道に考えた。この「神のユーモア」「神の笑い」とでも言えるものはどこから来るのだろうか？　家に帰ってすぐにピアノで弾いてみたのだが、ピアノではなおさらリズムにのれない、ノリが出ない。「神」もないし「笑い」も引き出せない。ますますバッハがどこかへ逃げてしまうように感じられる。山田先生はいくつかの音をほんの僅か長めに、そして手を少し突き上げるようにして弾かれているようだった（次ページ**譜例39**）。こうした著者の左脳的な観察が、音楽を本質的にダメにしてしまうのかもしれないが。

譜例 39 『インヴェンション』第 8 番　冒頭
　　　○の付いた 8 分音符を僅か長めに、少し突き上げる感じで
　　　弾いてみるのだが…。

譜例 40 『マタイ受難曲』第 11 曲「最後の晩餐」の箇所（第 30 小節〜）
　　　イエスが王として語るとき、長 3 和音の分散音型を用いた。

　バッハはイエスが「王として」語るとき、『インヴェンション』第 8 番にあるような 3 度の上行、あるいは長三和音で埋められる音を使って「神の声」を表している。**譜例 40** は、『マタイ受難曲』の「最後の晩餐」の箇所で、「一同が食事をしているとき、イエスはパンを取り、祝福してこれをさき、弟子たちに与えて言われた、『取って食べよ、これはわたしのからだである』。また杯を取り、感謝して彼らに与えて言われた、『みな、この杯から飲め。これは、罪のゆるしを得させるようにと、多くの人のために流すわたしの契約の血である。あなたがたに

言っておく。わたしの父の国であなたがたと共に、新しく飲むその日までは、わたしは今後決して、ぶどうの実から造ったものを飲むことをしない』[21]」。この箇所の後半「あなたがたに言っておく」に続く、イエスが「王として」語る場所では、長三和音の分散音型が使われている（譜例40 ◯の箇所）。

伝統の継承

　山田先生にチェンバロを習い始めてから1年が過ぎ、バッハからクープランの作品に移っていたころ、先生が「アーグリム女史の演奏を聴いてみてください」とおっしゃった。そこで、そのチェンバリストのLPレコードを外国から取り寄せて聴いた。『平均律クラヴィーア曲集』だったのだが、その演奏は後期ロマン派のものに聴こえ、若かった著者の耳にはとても馴染まなかった。先生にお話しすると、「何を聴いているの！　演奏の表面にとらわれないで、本当のもの、伝統を聴かなくては！」とのこと。「伝統？」と何か狐につままれたような気持ちになりながら、幼稚な自己を恥じた。アーグリム女史の演奏は、初めはひと言でいってよくわからなかった。優雅さは素敵だったが、声部を弾き分けるために、ちょっとしたルバートを入れていて、それが少々オーバーに聴こえ、弾き崩れているようにも感じてしまった。一方山田先生の演奏は、それは素晴らしいもので、楽器をご自分のものとされ、繊細優雅な歌とリズムで、しかもユーモアに溢れていた。アーグリム女史は山田貢先生の恩師である。

　前述の『形なきものの形』の中に、この「伝統」についての卓見が述べられている。著者の木村はピアノについてはアマチュアのはずなのに、演奏家への眼差しは実に鋭い。来日したクラウディオ・アラウを聴いて感激した木村は、その根拠をアラウの音楽的系譜に求め得るのではないかと考えた。アラウの師であるマルティン・クラウゼは、ベートーヴェン、チェルニー、リストと続く1本の巨大な系譜を継いだ人で、弟子のアラウを、チリ人でありながらベートーヴェンの直系の弟子とみなした。こうしたことから、木村は日本における洋楽の底の浅さの原因を、技術以外には何も引き継がれていかない師弟関係にあると考えた。ヨーロッパに

おいて師匠はベートーヴェンの直系、つまり師には自分が「家元」だという強い使命感がある。「音楽の歴史や伝統を背後から支え動かしている目に見えない力は、こうして人から人へと伝えられ受け継がれていくものなのだ。この巨大な歴史的連帯性、共属性の意識が彼のベートーヴェンをあれほどまでに感動的なものにしたのであろう[22]」と木村は分析してみせた。精神病理学者の目は厳しい。

芋畑のバッハ

　ヨーロッパの旅を愛し、エスプリとユーモア溢れる随想を残した異色の日本画家、関根將雄（1919-2013）。敗戦後の困難に満ちた時代、関根が畑でやせた芋を掘り出し、それを籠に投げ入れながらふと耳にしたバッハの素晴らしさを回想して、次のように書いている。「遠くに置いたラジオのリズムが耳に入った。胸にくい入るような旋律、言葉にできないほどの爽快さ、それでいてどこか民謡風で情感あふれるメロディ。ひととき我を忘れた[23]」。その素朴で美しい文章を読み進めていくと、関根が初めて聴いたバッハが『ブランデンブルク協奏曲』だったことがわかる。以来、彼はバッハの虜(とりこ)になり、40数年にもわたってバッハを求め、バッハの生きた町々をさすらう旅に出ることになる。ここでも『ブランデンブルク協奏曲』にある「バッハの笑い」が関根を捕えて離さないでいるのかもしれない。

　そして、この『インヴェンション』第8番も、「バッハはたくさんの子どもたちと一緒に生活しながら机の隅などで曲を書いていたのか」などと想像をめぐらせつつ、笑いを込めて弾いてほしいものだと思ってしまう。音は決してスタッカートではなくノン・レガートで、なお速く弾き過ぎないように。
　バッハは、子どもたちとともに家中のチェンバロを「異なった調」で一斉に弾き、大声で笑い合うことをとても楽しみにしていたようである。

インヴェンション 第9番 ヘ短調　Inventio 9　BWV780

悲しみと苦しみを経て

「受難」の調

　モーツァルトがト短調を、ベートーヴェンがハ短調を特別な調として扱っているように、バッハはヘ短調をホ短調とともに、キリスト受難の調としてことのほか愛した。『シンフォニア』第9番（**譜例41**）、『平均律クラヴィーア曲集』第1巻 第12番のフーガ（次ページ**譜例42**）、同第2巻 第12番のプレリュード（同**譜例43**）などを見ると、バッハがイエスの受難を表現しようとする際に、いかにヘ短調を執拗に求めていたかがわかり、驚くほどである。『インヴェンション』第9番も、よく見ると小規模な受難曲としての様相を充分に備え持っていることがわかり、しかもそれは、極めて意図的になされていると思われる（同**譜例44**）。

譜例41　『シンフォニア』第9番 ヘ短調　冒頭
　　　　音符で大きな十字架と小さな十字架が描かれている。

譜例 42 『平均律クラヴィーア曲集』第 1 巻 第 12 番 ヘ短調 フーガ　冒頭
　　テーマは十字架の形をしていて、11 個の音符で書かれている。
　　11 は殉教したイエスの弟子の数で「死」の象徴である。

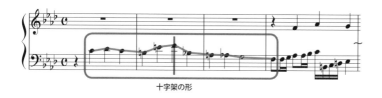

十字架の形

譜例 43 『平均律クラヴィーア曲集』第 2 巻 第 12 番 ヘ短調 プレリュード　冒頭
　　下降する 2 度「涙のフィグーラ」で書かれている。
　　そしてまた、1 つのフレーズで十字架の形を描いている。

十字架の形

譜例 44 『インヴェンション』第 9 番 ヘ短調　冒頭
　　ヘ短調はキリスト受難の調。悲しみの 5 度の下降が中心になっている。

　ここで「キリストの受難」について述べたい。この歴史的大事件は、西暦 30 年 4 月 5 日（水）、ユダが自身の師であるイエスを、銀 30 枚（銀 1 枚がおよそ 1 日の賃金に相当する）でユダヤの祭司たちに売ることから始まる。そしてその後の出来事における時の流れは、犬養道子 著『新約聖書物語』にも詳細に記されている。犬養は、多くの聖書学者による検証の中から一般的と思われるものを選んでいる。

西暦（A.D.）30 年
4 月 5 日（水）
　　ユダ、銀 30 枚で祭司にイエスを売る

4 月 6 日（木）
　　夕方より 20 時 30 分ごろまで：最後の晩餐
　　21 時ごろより 22 時ごろまで：イエス、ゲッセマネの園で祈る
　　22 時過ぎ：イエス、捕らえられる
　　23 時過ぎ：大祭司、カイアファによる彼の邸宅での尋問
　　　　　　（新約聖書 1954 年版訳ではカヤパ邸）

4 月 7 日（金）
　　7 時ごろ（夜明け）：ローマの総督、ピラト邸にて裁判
　　8 時過ぎ：ヘロデ邸に回されるが、すぐに戻される
　　8 時 40 分ごろ：ゴルゴダ丘の刑場へ
　　9 時：十字架につけられる
　　15 時：イエス死す

　木曜日の夕方から行われたと見られる晩餐会については、第 8 番の章で述べたが、これはマタイによる福音書 26 章 26 節の場面で、『マタイ受難曲』では第 11 曲にこの場面が描かれている（次ページ**譜例 45**）。

ダ・ヴィンチ『最後の晩餐』

　この静かな晩餐会の場面には、実はまったく別のドラマが進行していた。レオナルド・ダ・ヴィンチの『最後の晩餐』は、イエスが突然「はっきり言っておくが、あなたがたのひとりが私を裏切ろうとしている」と言い、弟子たちが騒然となる瞬間をとらえて描かれたものである。ダ・ヴィンチは、イエスを絵の中心に置き、12 人の弟子を左に 6 人、右に 6 人配している。そしてその 6 人を 3 人ず

譜例 45　『マタイ受難曲』第 11 曲「最後の晩餐」の場面（第 19 小節〜）
イエス「これは私の身体である（das ist mein Leib）」と祈る。

　つのグループに分けることによって、画面にきわめて高い均整を作り出し、絵に緊張したリズムを与え、ドラマを非常に内面化して表現しているように思われる。裏切ったユダはその中で左から 2 つめのグループにいるのだが、このイエスの言葉を聞いて驚愕し、一瞬身を引いているのが見られる。著者は 1992 年に、この絵画を所蔵するミラノのサンタ・マリア・デッレ・グラツィエ教会を訪れたのだが、大規模な修復が行われていて、絵には大きな足場が掛けられていた。変色と剥落があまりにも激しいので、驚くと同時に悲しくなった。その後 2015 年に再訪したときには予約をし、20 〜 30 人が一同にその部屋へ入り、ゆったりと見ることができた。修復したとはいえ、もともと剥落の激しかった絵だけに、他のダ・ヴィンチの作品と比べて精度が低く思われるのは、致し方ないことかもしれない。

　前出の『新約聖書物語』の著者、犬養は、冷静というよりやや激しい調子で、「ダ・ヴィンチの有名すぎる絵は、想像の中から消し去った方がよい[24]」と述べ、続けて「ルネッサンス期の室内の装飾を描いたあの絵は邪魔になる。聖書考古学者アンドレ・パロも指摘するがごとく、また当時の習慣をいまだに緩慢に残す近東

の各地で今日見られるがごとく、椅子やテーブルはその夕食の折りにはなかった⁽²⁴⁾」と主張している。

しかし著者は、幼いころから母にこの絵を見せられ、「この人がユダで、イエスさんを裏切った人。イエスさんはこのとき33歳だった。この人がペテロで、一番偉い弟子だったけれど、自分が捕まるのが怖くて、イエスさんを、よう助けなかった」などと聞かされていたので、この絵がお祭りの絵馬のように脳裏からいまだに消えないでいる。そしてまた、自分なりのドラマを勝手に想像し、展開させたものであった。

ユダの裏切り

聖書の話を続けよう。午後9時ごろに夕食を終え、イエスは下り坂を15分くらい歩いてゲッセマネの園というところで小1時間祈った。そこへイエスを売ったユダと、祭司や長老たちに扇動されてイエスを捕らえようとしている群衆が、剣や棒などを持ってやって来るのである。イエスが捕らえられたのは午後10時15分ごろであろうか。この場面を描いた絵画がある。

中世の学問の中心地であり、ダンテが若いころに学んだという北イタリアの都市、パドゥバにあるスクロヴェーニ礼拝堂。ここに初期イタリア・ルネッサンス最大の画家、ジョット・ディ・ボンドーネの絵画が壁面いっぱいに描かれている。イエスの生涯を題材にしたこれらの壁画は、訪れる者を虜にし、著者も時間が経つのを忘れてそこに立ち尽くしたことを思い出す。その中でもっとも惹きつけられたのは、ユダがイエスを売る場面だった。「わたしが接吻するのが、その人だ」という打ち合わせにしたがって、ユダがイエスに接吻する瞬間を描いたものなのだが、群衆を前に、イエスの眼差しは他の絵では見たことがないほど厳しく、面持ちは輝いているのに比べ、それとは対照的に、イエスに接吻しようとしているユダは、獲物をねらう熊のような鋭さをもって描かれている。

そして、この瞬間からイエスの受難の道程が始まるのである。

ジョット・ディ・ボンドーネによる壁画「ユダがイエスに接吻する」
(スクロヴェーニ礼拝堂)

ペテロの涙

　夜11時過ぎには、大祭司、カイアファ邸でイエスに対する尋問がなされた。大祭司と最高法院は、なんの罪もないイエスの扱いに困ったが、彼の人気への嫉妬と脅威から、罪状を無理やり作ってしまうのである。一方、一番弟子だったペテロは、この様子を密かに見ていたのだが、周りの者に「この人もイエスと一緒にいた」と言われると、自分の身の安全を考えてか、「あんな人は知らない」と、いく度となく断言する。それ以前、ペテロはイエスから「今度、鶏が鳴く前に、わたしを知らないと3度言うことになるだろう」と言われたとき、「たとえ、ご一緒に死なねばならなくとも、あなたのことを知らないなどと決して申しません」と言っていたにもかかわらずである。『マタイ受難曲』第38c曲で「わたしはあの人を知らない (Ich kenne Menschen nicht)」とペテロが外に出て、自分の情けなさを嘆いて激しく泣く箇所は、『マタイ受難曲』の中の前半のひとつの山場で、ここでは聖書を朗読する福音史家も、「weinete (泣き叫ぶ)」という言葉を引き伸ばして、さめざめと泣くのである (次ページ**譜例46**)。

譜例 46 『マタイ受難曲』第 38c 曲 第 31 小節～
　ペテロが自分の情けなさを嘆いて激しく泣く箇所。聖書を朗読する福音史家も、
　「weinete（泣き叫ぶ）」という言葉を引き伸ばして、さめざめと泣く。

　翌朝 7 時、ローマから派遣されていた統治者、ピラトによる裁判が行われた。ピラトは、イエスの拘束がユダヤ教の指導者の嫉妬から出た陰謀だということを知っていたので、なんとか彼を助けようとしたのだが、祭司や長老に扇動された群衆の脅迫に身の危険を感じ、地位保全のためにイエスを死刑執行人に引き渡すことになる。

　結局イエスを殺したのは、ユダヤ教祭司たちの嫉妬、ピラトの人間としての弱さ、群衆の無責任さ、そして逃げてしまった弟子たちの弱さなのであろうか。その後イエスは、人々から大変な辱めを受け、唾をかけられ、いばらでできた冠を頭にかぶせられ、十字架を背負わされてゴルゴダの丘へ引き出され、最後には処刑されるのである。その丘はピラト邸から 400 メートルほどのところにあるのだが、イエスは遠回りをさせられ、その倍は歩くことになる。そして午前 9 時、十字架に上げられ、昼 3 時ごろにイエスは亡くなるのである。この長時間にわたる残酷な刑に胸が痛むと同時に、その十字架を取り巻いていた多くの人々は、その間どうしていたのかと思う。これが画家たちをして多くの傑作を生み出す原動力になったのである。

グリューネヴァルトの祭壇画

マティアス・グリューネヴァルトによる祭壇画
(1515年、ウンターリンデン美術館)

　この磔刑(たっけい)の場面を描いた絵画は傑作揃いなのだが、その中のひとつを挙げるとすれば、フランスのドイツ国境に近い街、コルマールにあるウンターリンデン美術館のマティアス・グリューネヴァルト(1470/1475ごろ-1528)の描いた祭壇画であろう。

　この絵を見た東山魁夷(1908-1999)は、そこに描かれているもの全てに優しい目を向けた後、鋭い画家の目で、実に細緻かつ執拗にこの絵に迫るのである。「この神と呼ばれる人の、なんと痛々しい無惨に打ちひしがれた、救いのない姿だろうか。十字架の上に釘づけにされ、硬直し、開ききった手の指、ねじくれた足、

全身に突き刺さった荊(いばら)の刺(とげ)(25)」。まことに痛々しいという以外に言葉を知らないのである。実際『マタイ受難曲』のレコード・ジャケットには、フルトヴェングラーのものなどのように、このグリューネヴァルトの作品がしばしば用いられている。

　十字架の板木に手足を釘で打ち付けられ、長い時間を経た「3時ごろ、イエスは大声で叫ばれた。《エリ、エリ、レマ、サバクタニ》。これは、《わが神、わが神、なぜわたしをお見捨てになったのですか》(26)」の意。バッハはこの瞬間を、『マタイ受難曲』第61a曲できわめてリアルに書き記している(**譜例47**)。

譜例47　マタイ受難曲 第61a曲　第7小節〜
イエスが息を引き取られる瞬間。

　バッハは、もはやイエスを神ではなく、ひとりの人間であると解釈している。それまでは、イエスを語るたびごとに弦楽四声部が伴奏して、あたかもイエスの光輪のような響きを醸し出していたのだが、イエスが息を引き取る瞬間だけは、その弦楽四声部による光輪は取り去られ、コンティヌオ(オルガン、チェンバロなど)の伴奏のみとなる。そして人間イエスが苦しさに「神よ、何ぞわれを見捨てたまいし」と叫ぶ生々しい姿が容赦なく、きわめてリアリスティックに描き出され、バッハがこの場面を絵にするかのごとく、冷静に表現しようとしていることが手にとるようにわかるのである。

音楽学者、カール・ガイリンガーも「バッハの音楽における象徴法」という講演（1955年、於ワシントン）の中でこの箇所に触れ、バッハが「イエスの全ての発言に対して、光輪の効果を生み出す四声部の弦の響きで伴奏する方法を採っている[27]」とし、イエスが叫ぶ箇所ではその四声部の弦を取り去り、「一瞬単なる一個の人間的存在に転落し、そしてこのとき、光輪はその光を失うのである[27]」と述べている。

栄光に包まれて

　ずいぶん回り道をしたようだが、ここで言いたかったのは、イエスの苦悩と、母マリアやマグダラのマリア等の悲哀、そして否応なしに厳然として過ぎ去っていく時の流れ、すなわち死に向かって容赦なく経過する「時間」、これらが『インヴェンション』第9番の中に描かれているのではないかということである。心が内に沈む『インヴェンション』第7番とまったく同じような下降音型に加えて、叫ぶような6度、7度、そして10度の8分音符の跳躍が続く。それは、イエスの母マリア、娼婦だったところをイエスに助けられたマグダラのマリア、そして弟子の中で一番若かったヨハネなどの悲しみと苦しみを表しているように思われる。そして曲が終わりに近づき、左手が3音上昇しながらオクターヴ下降する箇所では、イエスの苦しみの叫びと死に至る姿がありありと伝わり、恐怖すら感じる（**譜例48**）。この3度の上行は「叫び」を表すフィグーラで、2回ある。確かにマタイ福音書によれば、イエスは大声で2回叫んでいる（27章45～50節）。

譜例48　『インヴェンション』第9番　第28小節～
　　　　上行3度の音型は「叫び」のフィグーラ。聖書でもイエスは「二度叫ばれた」と書かれている。

そして終止の1小節前、右手拍頭の震えるC音は、イエスの死を表わす（**譜例49**）。「ここでイエスは息を引き取った」と。そして、すぐに曲が閉じられ、沈黙が支配する。

ところでバッハは、この最後の3小節にきわめて重大なメッセージを残しているようである。それは左手バスの第32小節の第3拍と第33小節の第1拍に書き込まれている、2つの王冠の形をした音型（　　で囲まれた音符）、すなわち王冠のフィギーラ。そしてこの2つのフィギーラがソプラノのC音を囲むように配置されていることである。ここに何かのメッセージを読み取ることはできないだろうか。

譜例49 **『インヴェンション』第9番　最後の4小節**
○で囲んだC音は、バッハ作品では「死」を表し、「ここでイエスが息を引き取った」ことを知らせる。バスにはイエスの死の象徴であるC音を囲むように、2個の「王冠」の形をした王冠のフィギーラが見られる。

『ヨハネ受難曲』では第2部に進むと、イエスが十字架上で亡くなる（第31曲）。その後に、第35曲のソプラノのアリア《わが心よ、いと高きものの栄光のために》が置かれている。このアリアには、バッハのさまざまなエクリチュール（書法）が駆使されていて、聴く者も演奏する者も、高い精神的な世界へと誘われる。2本のフルートとオーボエ・ダ・カッチャが、絶え間なく刻むバッソ・コンティヌオ（通奏低音）に乗せられ、「叫び」（上行3度の音型）と「王冠」のフィギーラの動機を中心としたメロディを奏でながらソプラノのソロを迎える（次ページ**譜例50**）。

譜例 50　『ヨハネ受難曲』第 35 曲　冒頭

　　フルートとオーボエ・ダ・カッチャが「叫び」と「王冠」のフィグーラの動機を中心とした
　　メロディを奏でながら、この先の第 16 小節でソプラノのソロを迎える。

　ソロは第 48 〜 50 小節において、「Ehren（栄光）！」と歌いながら王冠のフィグーラを繰り返し絶唱する（次ページ**譜例 51**）。また通奏低音は、「死」の意味である「tot」と歌うフェルマータの箇所（第 70 小節）で、バッハが死の象徴として扱っている C 音を繰り返しながらブレーキをかけ小休止する（同**譜例 52**）。そしてさらにソプラノの詠唱は続き、第 80 小節から「tot」を繰り返しながら下降し、フェルマータで留まる。その歌詞「tot」の上にフルートとオーボエ・ダ・カッチャが王冠のフィグーラを持って、あたかも刻印するようにはっきりと留まる（84 ページ**譜例 53**）。ここはバッハが「イエスの死は栄光である！」と述べているようである。

インヴェンション第9番

譜例51 『ヨハネ受難曲』第35曲 第48小節〜
ソロが「Ehren(エーレン)！」と歌いながら声で王冠のフィグーラをなぞる。

譜例52 『ヨハネ受難曲』第35曲 第69小節〜
ソロが「死」の意味である「tot(トット)」と歌うフェルマータの箇所で、通奏低音は、バッハが死の象徴として扱っているC音を繰り返しながら小休止する。

譜例 53 『ヨハネ受難曲』第 35 曲　第 80 小節〜

第 80 小節よりソプラノが「tot」を繰り返しながら下降し、第 82 小節で再び「tot」と引き伸ばして歌う箇所で、フルートとオーボエ・ダ・カッチャが王冠のフィグーラを持ってあたかも刻印するように留まる。それは「イエスの死は栄光である！」とバッハが述べているようだ。

　再び『インヴェンション』第 9 番に戻ってみよう。81 ページ **譜例 49** では、イエスの死の象徴である C 音が二つの王冠のフィグーラに囲まれている。ここでもバッハは「イエスの死が栄光に包まれた」と述べているように思われる。

　悲しみと苦しみを経たこの『インヴェンション』第 9 番でも、終止の直前に至って、イエスの死により栄光が勝ち取られることを表している。そして続く『インヴェンション』第 10 番において、イエスは死にも勝利されて、聖なる歓喜に導かれる。こうしてわれわれはキリストの教えの真理の一端に到達するのである。

インヴェンション 第10番 ト長調　Inventio 10　BWV781

爽やかな光、復活の朝、復活の調

神から与えられた技術

　レオナルド・ダ・ヴィンチがサンタ・マリア・デッレ・グラツィエ教会の修道院の食堂の壁に描いた『最後の晩餐』。その変色や剥落の激しいことは第9番の章で述べたが、剥落は近年に始まったことではなく、この絵が描かれた20年後に、すでにそれは始まっていたという報告がある。それは、食堂の隣が料理をする部屋だったため水蒸気が立ちやすかったこと、カビが発生しやすい卵黄を混ぜた絵具で描かれたテンペラ画であったこと、壁の下が石膏で湿気に弱いことなど、悪条件が重なったためだと考えられる。それに加え、19世紀から絵画の修復作業が盛んになったこともあって、加筆されたそのころの絵には、ダ・ヴィンチの描いた当初のものは僅かしか残っていなかった。しかし1977年から、女流修復家、ピニン・ブランビッラただひとりによって進められた作業では、表面に付いている汚れを除去する洗浄と、それ以前の修復で使われた顔料を取り除く作業のみが行われた。その結果、20有余年を経た1999年、後世の加筆は取り除かれ、ダ・ヴィンチ自身のオリジナルの線と色彩がよみがえったのだ。

　ダ・ヴィンチの絵の教師、ルネッサンス時代の天才画家で建築家でもあったジョルジョ・ヴァザーリ（1511-1574）は、数ある著書の中の1冊、『ルネサンス画人伝』で、ダ・ヴィンチのことを記している。その書き出しは次のようである。「この上なく偉大なる才能が、多くの場合、自然に、時に超自然的に、天の采配によって人々のうえに、もたらされるものである[28]」。著者はこの文章を読むたび、「われらがバッハ」を思い起こす。

バッハは、神の力としか思えないほどの人智を超える数の作品を書いた。人類最大級の世界遺産と言われる２つの受難曲、200曲におよぶ教会カンタータ、CDにして15枚にもなる250曲以上のオルガン作品、『平均律クラヴィーア曲集』など200曲有余のクラヴィーア曲など、その作品群の前に立つとき、われわれはそこに奇跡を見るような思いに駆られる。しかも作品の数のみに留まらず、全てが素晴らしい傑作ばかりなのである。それらは今日の作曲家のように人に聴かせるために書いたのではなく、教会の礼拝で牧師や信徒を励ますという自分の務めのため、すなわち日々の仕事として書かれたもので、オーケストラ作品においては、必要な分の写譜をし、練習に付き合い、演奏の指導をし、礼拝で指揮をしたのだから、バッハに対する驚きには限りがない。それらの行為は、単なる人の力や技術だけによるものではなく、まったく何者かの力によるとしか思えないのである。

爽やかさ、清閑さ

　ところで、バッハのト長調の作品には、きわめて共通したものがあるように思われる（**譜例54**）。

譜例54　『インヴェンション』第10番　冒頭
　　　　バッハのト長調には、明るい朝の光を感じさせる曲が多い。

　『平均律クラヴィーア曲集』第１巻 第15番のプレリュードや、『トッカータ』第７番（BWV916）、あるいは『パルティータ』第５番のように、どちらかといえばエネルギッシュなものもこの調性で書かれているが、著者がより感じるのは、

鍵盤楽曲群では『シンフォニア』第10番（**譜例55**）、『フランス組曲』第5番、『平均律クラヴィーア曲集』第2巻 第15番のプレリュード（**譜例56**）など、合奏群では『ブランデンブルク協奏曲』の中の2曲などに見られる共通点である。それは、爽やかな明るさや踊るような光のリズム、そして曲全体に途切れのない流れと落ち着いた静けさがあることだ。言い換えれば清閑さがあるように思う。

譜例55 『シンフォニア』第10番　冒頭
　　　音が流れ、キラキラと突き進む。

譜例56 『平均律クラヴィーア曲集』第2巻 第15番 プレリュード　冒頭
　　　朝の爽やかな時間、梢が静かに揺れる様子が思い浮かぶ。

宣言撤回

「最後の晩餐」の後、イエスはゲッセマネの園というところで祈った。その祈りは、まもなく自身に起こることに対する恐怖心からか、血の出るような苦悶に満ちたものだった。その直後、暗闇の中を近づいて来たユダがイエスに接吻し、イエスは捕らわれたのである。以後に続く、ユダヤの大祭司、カイアファによるイエスへの尋問が行われた場所や、ローマ総督ピラトが「おまえたちが自分で始

末するがよい」と宣告した場所は、後に発掘によって確認されている。そして十字架を担がされたゴルゴダへの道行、十字架での処刑などの出来事は、同時代の出典と多くの学者による新しい研究から、全てが歴史的事実であることがわかっている。

　狐狸庵先生こと作家の遠藤周作（1923-1996）はあるとき、新約聖書は、弱虫の弟子が強虫になった物語であると考えたそうだ。実際、身近にいた弟子たちは、あまりイエスのことをよくわかっていなかった。それで勝手な夢を彼に押し付けて、彼を利用しようとしていたのではないか。だからイエスが追い詰められピンチになると、師弟の間柄でありながら、全員恩師を捨てて逃げてしまった。しかしその後、なぜ卑怯な彼らが集まり、極刑に処せられても自分たちが見捨てたイエスの教えを広めようとしたのか、それを遠藤は自身の小説で問い直そうと思ったようである。その小説とは、『イエスの生涯』（新潮社、1973年）と『キリストの誕生』（新潮社、1978年）であろう（なお、小説ではないが、遠藤独特の聖書解釈が共感を呼んだであろう『私のイエス』〈祥伝社、1976年〉も出版された）。いずれにも氏の聖書に対する並々ならぬ熱いまなざしが感じられ、読むものを圧倒する。

　遠藤といえば、かつて『音楽の友』誌上（1983年8月号、p.84）で、初来日したウラディミール・ホロヴィッツの演奏について次のように語っている。「私はホロヴィッツの演奏はずっとレコードで聴いていたのですが、今回実際に演奏を聴いてみて、もうビックリしましたね。もう、何というかボケたとしかいいようがないですね……」。それを読んでホロヴィッツの大ファンである著者は怒り心頭に発し、「周作（呼び捨て！）の本はもう二度と読まん！」と家族に宣言して、ひんしゅくを買い、かつ信用もだいぶなくしたのだが、それでも懲りずに狐狸庵先生の本から遠のいたのだった。今回、本書を執筆するにあたり先の著作を読み返してみて、この「周作読まず宣言」は撤回することにしたのである。氏の聖書に対する熱烈なまなざしに感激したのである。いやはや、もう、素晴らしい。

丘を駆け下りる2人のマリア

　亡くなったイエスが3日後によみがえることをイエス自身から聞き、それを信じたのは母マリアとマグダラのマリアだけだった。イエスは十字架にかけられて亡くなり、その3日後の日曜日の明け方（午前7時くらいのようである）、2人のマリアはイエスの墓を訪ねた。するとそこにイエスの遺体はなく、イエスがよみがえったことを知ったと聖書に書かれている。そして彼女らは驚きと喜びに満たされて、皆に報告すべく丘を駆け下りたのであった。このときのマグダラのマリアの様子を、『新約聖書物語』では次のように記している。「マリアは走りだした。一刻も早く告げねばならぬ、早く、早く！　歓喜、ああ歓喜！　新たなる朝の、新たなる光の中を、彼女は走った。アレルヤ、アレルヤ[29]」。

　ところで、バッハのト長調の曲には、ほぼ共通して見られることがある。それは曲が終わりに近づくにしたがって、音が高い所から順次進行で急速に下がってくることである。『インヴェンション』第10番（**譜例57**）、『平均律クラヴィーア曲集』第1巻 第15番のプレリュード（次ページ**譜例58**）、あるいは『平均律クラヴィーア曲集』第2巻 第15番のフーガ（93ページ**譜例59**）などがそれである。そこからは丘を駆け下りる二人のマリアの足音が聞こえてくるようだ。

譜例57　『インヴェンション』第10番　最後の4小節
　　　　　終止に向かって、およそ2オクターヴの下降が見られる。

譜例58 『平均律クラヴィーア曲集』第1巻 第15番 プレリュード　最後の5小節
　　冒頭にはオクターヴの下降があり、この曲にメッセージがあることを示している。曲は
　　終止に向かって急降下する。

イエスの復活

　著者には、イエスの復活を歴史上の出来事として明らかにすることはとてもできないが、少なくとも次の点については誰も疑う余地はないであろう。それはイエスが十字架にかけられた後、弟子たちによって教会が建てられたという歴史的事実、つまり、臆病者の弟子たちが、今度は自分たちの命を捨ててでもイエスの教えを全世界に宣べ伝えようとした事実である。このように弟子たちを豹変させるような何かがあったのだ。これは、われわれが客観的に「復活」を捉える場合、拠り所として考えることのできる唯一の歴史的史実である。

　1987年に放送されたテレビ番組「NHK市民大学」で、当時、東京神学大学の教授だった松永希久夫（1933-2005）による講義「歴史の中のイエス像」を大変興味深く拝聴した。その番組の最終回で、「復活とは？」と題し、氏は、弟子たちによる教会建設の事実自体は、イエスの「復活」の直接的証明にはならない、間接的証言だと語られた。そして、間接的であるからこそ、人々にとって、それ

を信じるかどうかの選択が可能となり、この選択の自由さは、人を生かす人格的な愛や信頼において不可欠なものであると。さらに、自然科学における真理と異なり、人文科学や芸術、宗教の分野における美や真といったものは、人同士の交流、会話がなければ、その真理は人を生かすことはない、よって「復活」とは、イエスが自分の生きざまや死にざまを通じて、人々に真理を呼びかけたのだと、教示に満ちた話をされたことを思い出す。

　イエスが復活したとき、その姿は元の姿ではなかったため、弟子たちにもそれがイエスであることがすぐにはわからなかったようである。ルカによる「福音書」24章13～32節には、2人の弟子がエルサレムから60スタディオン（約11キロ）離れたエマオという村に向かって歩いているとき、イエスが近づいてきたものの、弟子たちはイエスだとは気づかなかったと書かれている。夕方近く、目指す村まであと少しだというのに、2人はまだ先へ行こうとするイエスを無理に引き止め、ともに泊まるための家に入った。食事の席に着くと、イエスはパンを取り、賛美の祈りを唱え、パンをさいて2人にお渡しになった。すると2人の真の目が見開き、イエスだとわかったのだが、その姿は見えなくなったのである。そして2人は、歩きながらイエスと話したり、イエスが聖書の説明をしてくれたりしたとき、「私たちの心は燃えていたではないか」と語り合ったそうだ。

朝の光の中で

　残念なことにあまり知られていないのだが、日本に本格的なピアノ音楽を最初に導入し、多くの生徒を育成したラファエル・フォン・ケーベル博士（1848-1923）という人がいる。東京大学から招聘され、1893年（明治26年）に来日し、当時はピアノではなく西洋古典哲学を教えていたのだが、第一次世界大戦の余波で母国に帰ることができず、当初の3年の約束が21年にもなり、ついに日本の土に還ったのである。その後、ケーベルの墓参りをした門下生たちの話からも、ケーベルの思いが伝わってくる。門下生の代表が「ケーベルの『聖書の中で最も心を動かす箇所のひとつである』というルカによる福音書の最後の章を朗読した。そ

のとき読んだのが『われらと共に留まれ、時夕に及びて、日も早や暮れんとす』のエマオの旅人の記事である[30]」。日本において孤高の人だったケーベル博士が、復活したイエスとの静かな出会いを求めていたことが読み取れる。

　20世紀最大のチェリスト、パブロ・カザルスは、バッハの作品には彼の熱烈な信仰が反映されていることは理解できるが、しかし「人はもっぱらバッハの宗教的な面に傾倒し過ぎている[31]」と述べている。しかし著者は、このカザルスの言葉にこだわりながらも、『インヴェンション』第10番の中に、朝の爽やかな光の中を走った2人のマリアの足音が聞こえるという感を否めないのである。

　再びト長調の話に戻るが、前述のとおり『平均律クラヴィーア曲集』第2巻第15番のフーガ（次ページ譜例59）にも、朝の光の中を走る女性の足音を聴きとることができるように思われて興味深い。第1部、第2部は厳格なフーガで書かれているのだが、第3部（第45小節）に入ってくると、とても奇妙なことが起こる。バッハはフーガの技法をまったく放棄して、次第に募る不安を表すかのように、音が震えながらどんどん下降していくのである。ついに最低音に達すると、絶望を暗示するかのような減七の和音が現われ、その直後、曲が一瞬停止する（第62小節）。「あれっ？」と思った次の瞬間、「ワァッ！」という驚きを表すような長い32分音符の上昇音階が来る。続いてフーガのテーマ（第65小節）が踊りながら再現され、歓喜に満たされる。ここでも前出の犬養の『新約聖書物語』の「一刻も早く告げねばならぬ……彼女は走った。アレルヤ、アレルヤ[32]」を聴くことができ、そしてその後、速い音符が山を駆け下りるように下降して（第70小節）曲を閉じるのである。

譜例59 『平均律クラヴィーア曲集』第2巻 第15番 フーガ 第44小節〜
第46小節から始まる音の下降は、フーガの書法を無視している。
たび重なるトリルは不安で震えているようである。

インヴェンション 第11番 ト短調　Inventio11　BWV782

蛇にのみ込まれた半音階

登頂ガイドの最期

　ミラノから夜行列車に乗ると翌朝、スイスのブリークに着く。そこから登山鉄道に乗って1時間半でアルピニストの村、ツェルマットに到着する。この村からマッターホルンを眺める者は、まずその美しさに感激する。そしてその山の存在自体に圧倒される。このマッターホルンの岩場の下には、世界的に有名な登頂ガイド、ジャン・アントワーヌ・カレル（1829-1890）の墓がある。カレルは2人の登山家を連れてマッターホルン登頂を目指したのだが、もう少しで頂上というところで吹雪に遭い、断念して下山することになる。カレルは2人を安全な場所まで案内し、その直後に力尽きて息を引き取る。有名な登山家、ガストン・レビュファ（1921-1985）の著書『太陽を迎えに』に記されたカレルの最期は、読む者を圧倒する。カレルは吹雪で息がつまりそうだったが、夜が迫ってくるのを感じていた。すでに疲労困憊していた3人。「トップを下っていたゴレは、山路が始まる芝草と牧場から数歩のところまでもう来ていた。このとき、シニガグリアとカレルの間のザイルがピンと張りつめ、そのまま動かなかった。上では、カレルがもう動かなかった[33]」。現在、カレルの亡くなった場所には1本の十字架が立てられている。勇敢な行為で人命を救ったカレルは栄光を受け、永遠の「いのち」を授かったのである。

ラメント・バス

　では、『インヴェンション』第11番を見てみよう。まず、ソプラノのテーマ（右手）は、2小節にわたり一見くねくねとうねっているのだが、これは蛇を表していると思われる（**譜例60**）。また、『マタイ受難曲』にも、蛇を表象するような箇所がある。第8曲のソプラノのアリア《血を吐く思いを心に噛みしめよ》の中で、ソリストが「愛する主の胸は血を流す」と歌い、中間部に入って「あなたの胸から乳を飲んで育った一人の子は、養ったものを殺そうとする蛇のような悪者になった」と続き、バッハはその蛇（Schlange）という言葉に1小節と2拍にわたる、くねくねとした長い音型（**譜例61**）を書いているのである。「蛇」はバッハでは「死」の象徴とされている。

譜例60　『インヴェンション』第11番　冒頭のソプラノ
　　　　　くねくねとしたソプラノのテーマは「蛇」のようだ。

譜例61　『マタイ受難曲』第8曲　第43小節～
　　　　　ソプラノのアリア《愛する主の胸は血を流す》より

　譜例60の蛇のような音型の主題に対して、二重対位法のもう一方のテーマであるバス（左手）は、G音から始まり半音階で完全4度まで下降するラメント・バスである（次ページ**譜例62**上段）。下段はバッハの書いたものを要約したもの

である。こういった半音階には、恐怖、苦悩、戦慄が隠されていることは容易に想像できるだろう。シュヴァイツァーも指摘しているように、その音の動きに死の痛みのようなものを感じないわけにはいかないのである。

譜例62　『インヴェンション』第11番　冒頭のバス
　　　　下段はその骨組み。下降する半音階が見られ、「死」を表している。

譜例63　カンタータ第78番《イエスよ、わが魂を》冒頭の大合唱
　　　　コンティヌオ（通奏低音）はラメント・バスを22回繰り返す。

またラメント・バスが見られるカンタータ第 78 番《イエスよ、わが魂を》BWV78 の冒頭の大合唱（前ページ**譜例 63**）は、バッハが書いたもっとも強大な合唱曲のひとつとされているのだが、そこではこのラメント・バスが全部で 22 回にわたって繰り返され、イエスの死が背後で強調されているかのようである。歌詞の冒頭は、「イエスよ、わが魂を、なんじの苦い死によりて」となっている。ここでのラメント・バスの登場回数である 22 は 11 の倍数で、11 はユダを除く殉教したイエスの弟子の数 11 人、つまり「死」を表している。

半音階をのみ込む蛇

『インヴェンション』第 11 番でバッハは、蛇のようにくねくねしたソプラノのテーマで、バスの半音階のテーマを取り囲み、のみ込むことを譜面上（二重フーガ）で描こうとしているように思われる。「死」の象徴である「蛇」の音型が、「死」の象徴である「半音階」を取り囲んでのみ込むとは、どういうことなのだろう。

復活祭初日に演奏されるカンタータ第 4 番《キリストは死の縄目につきたもう》BWV4 は、現存するバッハのカンタータの中でもっとも若い時期に作曲されたもののひとつと言われている。マルティン・ルター作曲の同名のコラール（**譜例 64**）を中心に置き、古い時代のコラール変奏曲の形式を下敷きにして、それを外面的にも内面的にも徹底的に追求している。

譜例 64　マルティン・ルターによるコラール《キリストは死の縄目につきたもう》

そして、その第4曲および第5曲を見ると、大変おもしろいことがわかる。

譜例65a　カンタータ第4番《キリストは死の縄目につきたもう》より
「世にも奇しき戦争起こりて死と生命あい争いぬ。生命は勝を得、死を呑みつくしたり」と歌う箇所。

譜例65b　カンタータ第4番《キリストは死の縄目につきたもう》より
譜例65aの数小節後には、「かくて死は辱にまみれぬ。ハレルヤ！」と明るい賛美に変わっていく。

インヴェンション第11番

第4曲：
神の子なるイエス・キリスト
われらの身代わりとして来たり、
しかして罪を除きたまえり。
かくして死は
その主張と権能をことごとく奪われ、
いま残るはただ死の形骸のみ。
死はその刺を失いたり。
ハレルヤ！

第5曲：
世にも奇しき戦争起こりて
死と生命あい争いぬ。
生命は勝を得、死を呑みつくしたり。
聖書は宣べて はばからじ、
義人おのが死をもて死を滅ぼせるを。
かくて死は辱にまみれぬ。
ハレルヤ！ (34)

杉山好訳
（歌詞は聖書のコリントの信徒への手紙─15章55節から採られている）

イエスの死が普遍的な意味での死を葬り去ること、すなわち「死が死をのみ込んだこと」を歌い上げているのである。

98ページからの**譜例65a、65b**のように、くねくねした蛇を思わせる音型が絡み合い、やがて消滅して、ハレルヤの生き生きした動きに変わっていく。この箇所の爽やかさは素晴らしいものである。

こうして見ていくと、『インヴェンション』第11番と『カンタータ』第4番《キリストは死の縄目につきたもう》は、まったく同じメッセージを持っていることがわかる。バッハは、イエスの死が「人間のいのちの死」をのみ込み、イエスを信ずる人々には「永遠のいのち」が与えられたことを、楽譜という模様に描いて見せてくれているのである。

第11番の全体の流れを見てみよう。第1部 第11小節の拍頭までは、テーマのひとつである右手が、左手にあるラメント・バスを取り囲むように、くねくねと蛇のように動き回っている。ところが第11小節からの第2部（次ページ**譜例66**）に入ると、おもしろいことが起こる。蛇のように動き回っていたテーマの後半（蛇の尻尾）が短くなり、そうやって短縮されたテーマが何度も繰り返されるのだ。

そしてラメント・バスのほうも二重フーガなので、それまでは蛇のテーマに対応して必ず書かれていたものがほとんどなくなり、わずか1カ所だけ、しかももはや下降するラメント・バスではなく、上昇する半音階が1回あるのみとなってしまう。

蛇（イエスの死）のテーマも後半（蛇の尻尾）に多少損傷を受けたが、半音階のラメント・バス（人のいのちの死）は、もう息も絶え絶えで、ほとんど蛇に絞め殺されたということが譜面上から模様として推察できるようである。もっとも、その後のコーダにおいては、2つの主題は仲良く出てくるのであるが……。

また、『平均律クラヴィーア曲集』第2巻 第6番 ニ短調のフーガも、まったくこの曲と同じような書法で書かれている。この曲でも、第2部に入りしばらくすると、光が差し込んできて「ハレルヤ」と歌いたくなるような箇所に出合う。

譜例66 『インヴェンション』第11番　第11小節〜

　著者は若き日、『インヴェンション』第11番の第2部が、なぜほかの曲のようにきちんと書かれていないのかが不思議だった。しかしその後、両者の「死」が争い、互いに損傷を受けながらも「イエスの死」が勝利したことの意味を知り、キリスト教の真理のひとつを学ぶことができた。

永遠のいのち

　冒頭のアルプスの名ガイド、カレルに話を戻すが、彼も自分自身のいのちと引き換えに2人の登山家のいのちを救った、すなわち2人の死をのみ尽くした。そして永遠のいのちを得ることができた。彼の肉体は朽ちたが、彼の心は全世界のたくさんの登山家やその仲間たちの中に生きているのである。人のために尽くしきって死に、永遠のいのちを受けることができたら、人間として最高であろうし、そんなふうに信ずることのできる人はまた幸せであろう。

　しかし、われわれ（著者）には到底このような勇気はない。船が遭難したら、あるいは遭難しそうになったら、真っ先に救命具を身につけ救命ボートに乗り込んでいるであろう。しかし驚くことに、イエスの教えではこんなに弱いわれわれでも、全てイエスの死によって許されていることが聖書には記されているのである。そしてバッハは、イエスの死が人間のいのちの死をのみ込み、イエスを信ずる人々に「永遠のいのち」が与えられたことを、音によって語ってくれているのである。

　イエスの死が普遍的な意味での死を葬り去ること、すなわち「死が死をのみ込んだこと」を歌い上げているのである。

インヴェンション 第12番 イ長調　Inventio12　BWV783

楽譜に見つけた天使たち

山の上の教会

　ミラノからスイスのバーゼルに向けて、汽車で小1時間行ったところにコモという街がある。コモ湖の玄関であるこの街はローマ皇帝であったシーザーをはじめ、代々の皇帝の保養地だった。現在では、天才的な映画監督、ルキノ・ヴィスコンティ（1906-1976）をはじめとする著名人が別荘を構えた街としても知られている。美しい糸杉の林に縁どられたコモ湖が、背景にそびえるアルプスの勇姿を湖面に映す様には心を奪われてしまう。そのコモから、乗客もまばらな青い国鉄バスに揺られて1時間ほど行ったところに、チヴァーテ村がある。バスを降りて急な坂道を30分ほど上るとポッツオ村（標高300メートル）がある。さらに灌木(かんぼく)の中、難行苦行といってもよいほど急な石ころだらけの山道を登ること1時間半、聖書の黙示録の天使で有名なサン・ピエトロ・アル・モンテ教会（「山の上の教会」の意）の小さい姿が眼前に現れる。標高663メートルのところにあるこの教会には12世紀の素晴らしい壁画があって、そこにはおびただしい数の天使の群れが描かれている。

　作家の辻邦生の妻で、美術史家の辻佐保子（1930-2011）は、その著作（『天使の舞いおりるところ』、岩波書店、1990年）の中で、サン・ピエトロ・アル・モンテ教会を「天使の舞いおりるところ」とし、天使への関心やその神学的背景について熱心に語っていた。あまり世に紹介されていない、この教会の天使群を見るのを楽しみにしていたようである。この教会についての著述は、精細をきわめた素晴らしいものである。

サン・ピエトロ・アル・モンテ教会の壁画

　同じく、人のあまり行かないこの教会を訪れた人に、文芸評論家の饗庭孝男（1930-）がいる。氏は著書『聖なる夏』の中で、内陣の壁画の素晴らしさを述べたあと、地下墳墓についてこう書いている。「聖母マリアの死の浮彫(うきぼり)が目をひいた」、そして「特に、この浮彫にあるキリストの祈りのマリアの魂を天上に運ぶ天使の像は、聖像表現の約束を超えて感動的であり、この薄明の中に美しい抒情と憂愁をたたえているのである[35]」。饗庭もまた、この天使群を本当に素晴らしいと思ったのであろう。

　A dur の A は Angel「天使」の A かと思ってしまうのだが、ドイツ語では「天使」は Engel(エンゲル) なので E から始まる。ただ晩年ではあるが、バッハは少し英語を勉強していたようだ。バッハのイ長調の曲はなぜか大変似ているものが多い。『平均律クラヴィーア曲集』第 1 巻 第 19 番のフーガ（次ページ譜例 67）のテーマは、はじめに A 音が 1 つ、続いて 3 つの 8 分休符があり、その後、ふわふわ揺れるように上昇する 4 度音程の動きが 5 回、まるで天使の飛翔を楽譜に描いたようで可愛い感じである。またアーウィン・ボドキーは、その著書『バッハ鍵盤曲の解釈』の中で、この音型とよく似た箇所として『平均律クラヴィーア曲集』第 2 巻 第 19 番のプレリュード（同譜例 68）を挙げ、「天使の飛翔」のもっとも「明らかな例」としている（『バッハ鍵盤曲の解釈』、千蔵八郎 訳、音楽之友社、1976 年、p.274）。

譜例67　『平均律クラヴィーア曲集』第1巻 第19番 フーガ　冒頭

譜例68　『平均律クラヴィーア曲集』第2巻 第19番 プレリュード　冒頭
　　　　譜例67のフーガにとてもよく似ていて、「天使の飛翔」が描かれている。

天使の表現 ― モーツァルト、ベートーヴェン

　とてもわかりやすく感覚的に天使を音にしたのは、モーツァルトであった。ピアノ協奏曲 第12番 イ長調 K.414の第2楽章、終止直前のカデンツ（次ページ**譜例69**）を見ると、そこにはまさに天使の密かな羽ばたきと思われる音が書かれている。そこでは、下降する半音階をくぐり抜けた直後のディアトニック（全音階）な分散音型が一瞬、真空状態のような状況を形作っていて、天使が空に舞い上がるのを見るようである。

　イギリスの美術史家、ケネス・クラークは、「レンブラントの関心は、特に天使の出発の瞬間に向けられていた。というのは、その瞬間は、不意に射し込む光線と深奥への劇的な運動表現にふさわしかったからだ[36]」と述べているが、それは前述のモーツァルトの作曲意図とも符合するようである。

譜例69　モーツァルト ピアノ協奏曲 第12番 第2楽章　終止直前のカデンツ
　　　　半音階をくぐりぬけた後の美しい分散音型は、天使が空に舞い上がっていくようである。

譜例70　ベートーヴェン ピアノ協奏曲 第2番 第2楽章
　　　　不思議な箇所が挿入されていて、聴衆を釘づけにする。

また、ベートーヴェンにもまったく同じような箇所があるのは大変興味深い。ピアノ協奏曲第2番 変ロ長調 Op.19 の第2楽章を見てみると、そこに不思議なものが挿入されている箇所があり、聴衆を釘づけにする（前ページ **譜例70**）。今度は天使が舞い下りるような音が細緻に書き込まれているのだ。このカデンツの瞬間に命を懸けるピアニストもいるほど魅力的な箇所である。

天使の表現 ― バッハ

　一方のバッハは天使が優雅にふわふわと舞うところを、モーツァルトやベートーヴェンのように感覚的、雰囲気的にではなく、具体的に音にし、かつ動く絵のように視覚的にも舞う様を楽譜という模様にしたのである。それは『平均律クラヴィーア曲集』第2巻 第19番のプレリュード（105ページ **譜例68**）においても見ることができる。ここでは4度の音程が活躍し、曲に平安を与えている。また『平均律クラヴィーア曲集』第1巻 第19番のフーガ（105ページ **譜例67**）を見ると、冒頭のA音は、「Angel！」と言っているように見受けられ、続く4度音程の旋律的な動きは、次第にその天使が舞いながら上空へと立ちのぼっていくように感じられる。この4度音程は、ドミナントがトニックに解決していくときに起きるもので、そこには自然な安定感がある。

　そして第23小節でこのフーガの第3部に入り、突然右手に16分音符の速い波のような音型が現れる（次ページ **譜例71**）。この音型は、多くのカンタータや器楽曲、例えばオルガンによるコラール・プレリュード《高きみ空よりわれは来たれり》BWV738（同 **譜例72**）や、足鍵盤にコラールの定旋律が現れるルターのクリスマス・コラールをもとに作曲されたカノン風変奏曲《高きみ空よりわれは来たれり》BWV769（109ページ **譜例73**）などにも用いられている。曲の題名を知らなくても、この音型を聴くだけで容易に天使の飛翔する様を想像できる。

譜例71 『平均律クラヴィーア曲集』第1巻 第19番 フーガ　第22小節〜
第3部に入ると、右手に16分音符の速い動きが現れる。

譜例72 コラール・プレリュード《高きみ空よりわれは来たれり》
クリスマスの讃美歌「いずこの家にも」(旧讃美歌101番)と同じテーマを持つ（〇印）。
また16分音符の動きは、『インヴェンション』第12番の16分音符の動きと似ている。

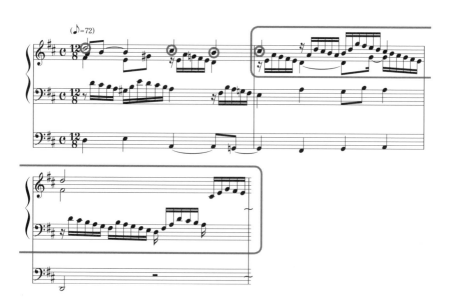

譜例 73　譜例 72 と同じコラール（◯印：旧讃美歌 101 番）
　　　　今度はテーマが足鍵盤で堂々と鳴る。この曲の 16 分音符の動きも『インヴェンション』
　　　　第 12 番の 16 分音符の動きと似ている。

　そして先ほどの『平均律クラヴィーア曲集』第 1 巻 第 19 番のフーガ、第 23 小節（前ページ **譜例 71**）のソプラノ（右手）の動きを左手で弾いて見ると、『インヴェンション』第 12 番の冒頭とまったく同じような曲に変貌するのだ（**譜例 74**）。

譜例 74　『インヴェンション』第 12 番　冒頭
　　　　右手のテーマは、次ページ譜例 75 のコラール・プレリュード《み空より天使の
　　　　群れ来たれり》と同じものであろう。

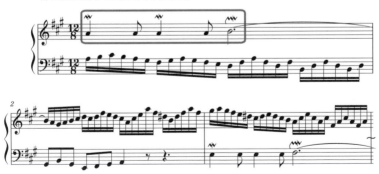

そしてさらに、私たちは重大なことを発見する。この『インヴェンション』の右手、ソプラノの単純な動きを観察していくと、それがコラール・プレリュード《み空より天使の群れ来たれり》（BWV607）の冒頭（**譜例75**）とまったく同一のコラールによって書かれていることがわかるのだ。

譜例75　コラール・プレリュード《み空より天使の群れ来たれり》
　　　　　譜例74の『インヴェンション』第12番と同じメロディ。

しかも「Vom Himmel kam（み空より来たれり）」と歌い、続いて「der Engel schar（天使の群れ）」と歌う箇所を見ると（次ページ**譜例76 上**）、『インヴェンション』第12番（**譜例76 下**）のはじめのA音に続くH音に、上行接頭音付きトリルを書き込んだ意味が納得いくのである。そして、もはやこの第12番が、天使とは無関係でないことを認めざるをえない。

また、3声の『シンフォニア』第12番のイ長調（**譜例77**）のソプラノのテーマも、このコラールの変奏であることがわかる。

譜例76　譜例75のコラールを2度上げてイ短調にし、同名調である『インヴェンション』第12番と同じイ長調に移調。イ長調に移調したコラール・プレリュード《み空より天使の群れ来たれり》（上）と『インヴェンション』第12番（下）を並べて比べてみると…。

譜例77　『シンフォニア』第12番　冒頭
　　　　これも同じコラールのヴァリエーションであるであることを発見する。

ダ・ヴィンチ『受胎告知』

　天使に性別はないとされるが、姿形は女性的な傾向で、年齢は青年かそれよりも若い。レオナルド・ダ・ヴィンチやフラ・アンジェリコ（1395ごろ-1455）のあの有名な『受胎告知』のように、ルネッサンスに登場してくる画家の描いた天使には女性が多いようである。
　イタリア・フィレンツェのウフィツィ美術館にあるレオナルド・ダ・ヴィンチの『受胎告知』は、彼独特のぼかし技法を使っていないという理由で、彼の作ではなく同じルネッサンスの画家 D. ギルランダイオの作であると主張する人もい

たが、今ではレオナルドが師であるヴェロッキオの工房に入って描いた最初の作だとされている。この絵の前に立つと、その威厳のようなものに心を強く打たれて、作者が誰かなどということはどうでもよくなってしまう。これほど尊厳のある天使を描いた絵に出合ったことはなく、何か怖さを感ずるほどである。この「受胎告知」の記述は、聖書の中ではルカによる福音書にだけある。「天使は彼女のところへ来て言った。『おめでとう、恵まれた方。主があなたと共におられる』。マリアはこの言葉に戸惑い、いったいこの挨拶は何のことかと考え込んだ。すると、天使は言った。『マリア、恐れることはない。あなたは神から恵みをいただいた。あなたは身ごもって男の子を産むが、その子をイエスと名付けなさい』[37]」と。中世絵画の伝統の中で最初に描かれたのは、この「受胎告知」の場面のようである。

存在を感じるとき

　ところで、著者の敬愛する高階秀爾（1932-）が著書『ルネッサンスの光と闇』の中で、19世紀フランスの画家、ギュスターヴ・クールベが天使を描いてほしいと依頼を受けたとき、写実主義の旗頭であった彼は、「それなら天使を連れて来て見せてもらいたい[38]」と言ったというエピソードを書いている。それは美術の歴史に人間的な味わいを添える数多くのエピソードのひとつであると述べ、「そして、やはり天使の存在を信じない──信じることのできない──われわれ現代人は、クールベの直接の子孫なのである[39]」と記している。しかし、私たちはバッハの中に天使の音楽を聴く。それは単にバッハが『インヴェンション』や『平均律クラヴィーア曲集』の中に、音符によって書き込んだ天使が飛翔する姿を見、天使が降りてくる様子を歌いこんだコラールのメロディを聴くからではない。そこに天を指し示す何かが存在しているのを感じるからだ。それらは純粋さ、聖なる優しさ、明るさ、楽しさ、飛翔する心なので、演奏しながらも顔がほころんでしまうほどである。

　同じく敬愛する饗庭孝男は、カンタータ第147番の第1部を締めくくる《幸いなるかな、私はイエスを得た。イエスをなんと堅く抱きしめることか》と歌うコラールについて次のように記している。「段階的に上下しつつ歌われる様を聴

くと、私の心は浄福(じょうふく)にひたされるようになる。力強い合唱が共同体と神との不可視なむすびつきを無限に肯定しつつ立ち昇ってゆくとき、このコラールは、その上で舞う天使のような音楽になる[40]」。

　ここにも人を愛するバッハの優しい音を聴き、聖い感動とともに感謝で頭を垂れる気持ちに駆られる。

インヴェンション 第13番 イ短調　Inventio13　BWV784

罪の象徴、減7度

歌詞と音

　若いころ部屋に閉じこもって、いく時間も泣いたことがあった。それは毎日学生コンクール（全日本学生コンクール）の全国大会の日であった。ある地区の代表の演奏が始まった。それが本当に上手かったのである。自分の生徒はとてもかなわないと感じとった瞬間、「この男の子、演奏の途中で止まらないかな」と思ってしまったのだ。結果は予測どおりその彼が1番だった。その男の子とは、後年、立派な指揮者になられた渡邊一正氏である。家に帰ってから、そんな思いに駆られた自分が情けなくて泣いてしまった。このときの自分の生徒は、1990年のショパン国際ピアノコンクールにも出場したきわめて才能ある子だった。それ以来、コンクールというものに対する自分の考え方をずいぶん変えたつもりでいる。

　すでに述べたように、バッハは調性によってもいろいろな表現を試みたようで、たとえば「三位一体」を表したフラット3つの変ホ長調。ホ短調やヘ短調は「受難」、イ長調は「天使」などとの関連を想像してしまう。アルベルト・シュヴァイツァーは若いころに、有名なオルガニスト、シャルル＝マリー・ヴィドール（1844-1937）のレッスンを受けている。ある日、コラール・プレリュードのレッスンの後、ヴィドールがシュヴァイツァーに、バッハはプレリュードやフーガの中では論理が明晰なのに、コラール・プレリュードになると、コラールの気分とはまったく関係のないような対位法的モチーフを使うのはなぜかと質問した。シュヴァイツァーは、それは理論などからではなく、歌詞から説明しないとわからないと答え、ヴィ

ドールに歌詞と音との関係を弾きながら説明したという。それを聞いたヴィドールは大変驚き、それは今まで彼が描いてきたバッハ像、すなわち巨像を見上げるような比類なく偉大な対位法の大家としてのバッハ像を、はるかに超えていると評し、バッハの「詩的な理念を表現し、語と音とを統一しようとする欲求および能力」に感激している。

アダムの罪

シュヴァイツァーはコラール・プレリュード《アダムの罪によりてみなそこなわれぬ》BWV637 に大いに着目し、バッハがこの曲の中で、旧約聖書の創世記３章にあるようなアダムとエヴァに入り込んだ「罪」を、音の動きで表そうとしたことを発見した。

譜例78　オルガンのためのコラール・プレリュード
　　　　《アダムの罪によりてみなそこなわれぬ》
足鍵盤に現れる減７度の音程の動き（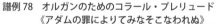）は「罪」を示し、長３度から短３度への動き（　）は「背徳」を表す。

前ページの**譜例78**は、バッハのオルガンによるイ短調のコラール・プレリュード《アダムの罪によりてみなそこなわれぬ》であるが、よく見ると不思議なことがわかってくる。それはまず、右手における長3度、短3度の交代である。そしてもっと大胆なのは、足鍵盤に減7度の連続的な動きが見られる点である。この3種類の音程は、この曲の和声に驚くべき斬新さを与えている。コラールの歌詞を見ると、長3度から短3度に変化していく3度の音程は「背徳」を表し、下降する減7度の音程は「堕落」を表象していることをシュヴァイツァーは見出したのだ。ちなみにその歌詞は、次のようなものである。「アダムの堕落によりて すべて朽ち果ぬ 人間のさがと宿命は 罪の害毒をわれらに残せり われらは神の慰めなしに救われることを能(あた)わず 主はわれらを 多くの危難より救いたまえり(41)」。
　シュヴァイツァーはこの曲のコラールに付いている歌詞と、長短3度の動きや足鍵盤で絶え間なく奏される不気味な減7度の音程の動きとの関連から、バッハの音による象徴の意図を探り出したのである。

　アダムとエヴァの物語は、日本人には甚だ苦手な人間の罪の実体を実によく捉えている。井上洋治（1927-2014）の著作『イエスへの旅』は、いろいろな意味で感動を覚えた1冊だが、この聖書でいう「罪」について、これほどまでにわかりやすく書かれたものは、数少ないのではないだろうか。ユダヤ教の神話物語であった『アダムとエヴァの楽園喪失物語』は、宗教の枠を超えさせるほどに、罪というものをよく捉えているのだと。そして、「人間が神のいいつけを無視し、神のようになろうとすること、これこそが罪をまねく原型なのだとこの物語の作者はいいたいのであろう(42)」と述べている。

　『インヴェンション』第13番に移ろう。第3部（第14小節～）に入ると、突然、減七の和音をなぞるようになることに気づく（次ページ**譜例79**）。また、フレーズの終わる直前に、いく度となく減7度の音程が書き込まれているのである。

譜例79 『インヴェンション』第13番　第13小節〜
　　第3部では、ソプラノが減七の和音をなぞるようになり、左手に「罪」の表象である減7度の音程が繰り返される（長6度に見えるものもある）。

　ところで、同じイ短調の『平均律クラヴィーア曲集』第1巻第20番のフーガのテーマ（**譜例80**）、そして、第2巻第20番のフーガのテーマ（次ページ**譜例81**）。両者には恐ろしいほどこの減7度が書き込まれていて、奏者を震え上がらせる。

譜例80　『平均律クラヴィーア曲集』第1巻第20番フーガ　冒頭
　　このフーガにも「罪」の音程である減7度が密かに書き込まれている。

譜例 81　『平均律クラヴィーア曲集』第 2 巻 第 20 番 フーガ　冒頭
　　　　　ここでも、テーマにはっきりと減 7 度の音程が書き込まれていて、奏者を震え上がらせる。

　蛇にだまされて、アダムとエヴァに入り込んだ罪は、人間に"いのちの死"をもたらすと同時に、死に値する苦しみをももたらした。使徒であった聖パウロでさえ、ローマの人々に宛てた手紙の中で、自分が望まない悪を行っているとしたら、それは自分の中に住む罪のせいで、それが善を望む自分には常に付きまとっていて、善悪の両者が戦っていると述べ、「わたしはなんと惨めな人間なのでしょう。死に定められたこの体から、だれがわたしを救ってくれるでしょうか[43]」と自分のうちに内在する罪の存在に絶叫しているのである。

外国映画に思う

　外国の映画を見ていて感じるのは、たとえ三文映画と言えるような作品でも、人間の罪について、ほんの僅かではあっても触れていないものはないようだということである。ふと登場してきたような映画にとってさして重要でない人物にも、その顔の下に隠された人間の罪を背負っていることを感じるカットが、必ずといっていいほど挿入されている。
　イタリアの映画監督の巨匠、ミケランジェロ・アントニオーニ（1912-2007）の『夜』（1961 年）の中で、ある夫妻が億万長者の大庭園で催されたオールナイ

ト・パーティーに出かけたのだが、この大邸宅の入り口でその妻が「ここにいる人間は、みんな死んでいるのよ」と言った場面に、著書はショックを受け、未だ忘れられないでいる。

映画評論家の植草甚一（1908-1979）は、一見、宗教的な芸術家とはかけ離れた存在に思えるアントニオーニの作品全てから、人間の中にある神性が感じられることこそが、彼がそれを信じ、それを認めなければ人間は滅びると作品を通して語ろうとしている証だとし、聖パウロが絶叫したように、アントニオーニは「言葉つきこそ、ずっとおだやかであるが、（中略）その苦痛を訴えかけないではいられないのである[44]」と著書の中で述べている。

アントニオーニは映画の中で、人間の弱さに徹底的に攻撃を加えてくる。そして彼は、医者が検査を繰り返すのと同じように、その人間の苦しみがどこから出てくるかを執拗に食いさがって探り、人間の汚れた罪の心の世界を徹底的に追求してやまないのである。

若いころ、スウェーデンが生んだ偉大な映画監督、イングマール・ベルイマン（1918-2007）の『野いちご』（1957年）を見た。そのときはあまりよくわからなかったのだが、後年、再度見たときには、現実と夢の交錯する美しいドラマの中に、人間の持つ深い罪の叫びのようなものがあることに気づかされた。長年の医学への献身的貢献によって名誉ある賞を受けることになったイサク老人が、式典に出席するため車を走らせながら過去を回想していく。車の中でまどろむうちに、美しい森の中で妻と知らない男が抱擁している夢を見るが、これはイサクが若い日に実際あったことで、彼は妻に許すと言いながらも心の中では決して許していなかった。そのとき以来、いわば「死の人生」を送ることになっていたのである。授賞の式典が終わり、家に帰ったイサクは安らかな気持ちになって眠りにつく、というところで映画は終わる。イサク老人は名誉ある賞を受けたが、それによって、やすらぎが得られたのだろうか。彼は妻に許すと言いながらも、心の中では生涯決して許していなかった。このイサク老人の心の救いは、いったいどこから来るのだろう。

作家の太田治子（1947-）は、画集でムンクの『嫉妬』を見た瞬間、森の中で妻と知らない男が抱擁する『野いちご』のシーンがよみがえり、映画では男の顔

は映し出されていなかったにもかかわらず、まったく同じだと確信してしまったという。著書の中で、それについてこう述べている。「イングマール・ベルイマン監督は、この場面をつくる時、必ずやムンクのあの絵を頭に思い浮かべていたにちがいないと思った。ベルイマン監督とムンクには、同じ北欧の血が流れている[45]」。この記述に著者は賛意を表すのである。

ムンクの絵

　著者はムンクの絵が好きだ。だが、見るたびに打ちのめされたような気分になる。そして怖くも感じるのである。彼の作品のテーマは生と愛と死であろうか。そして生も愛も死も、孤独と表裏一体であろう。ムンクの描くものは、絵面は清閑で穏やかではあるが、それと裏腹に穏やかでない人間の心の叫びや激しい人間の罪の咆哮をも感じさせる。人生とは何か、愛とは何か。彼の創作の根拠は自分の内面、すなわち心を描くことだった。それは、ベートーヴェンの創作の根拠ともまったく一致している。中期に至ったベートーヴェンは、自身の心の声を素直に聴くようになり、その時点で作風は一変する。内面的になると同時に、内側から音楽を支えることによって堅牢な外面ができるようになった。こうして彼の作品は自然なものとなり、しっかりとしたバランスを保つようになったと言えよう。

　ところで、ムンクは悲しい生涯を送った人であった。5歳で母親を亡くし、14歳のときには1つ年上の最愛の姉を亡くす。そして26歳、フランスへの留学の年に父親を亡くしたのである。「彼は注意深く彼の内面を見つめた。内的な声、自己の心の証人をしっかりと見つめることができた。彼はその声に耳を傾け、それを自分のもっとも神聖な所有物として見張った。だから芸術家は発見者となった[46]」(J.P. ホーディン著、『ムンク』、著者一部変更)。ムンクもまた自分の内面、すなわち自分の内側に巣くっている罪の姿を見つめることによって、創作の突破口を見つけたのだった。彼の心は、われわれの心であり、普遍的な人間の心であろう。そこには誰もが避けて通ろうとする、特にわれわれ日本人が無感覚になっていると思える生々しい罪の姿がクローズ・アップされているのだ。だからムンクの絵は怖く、自分の心を露呈される思いがするのである。

彼は、真実と虚飾を見分けるロートレックの目と、人間の罪の心を見通すベルギーの画家ジェームズ・アンソールの鋭い目とを併せ持っている。そしてゴーギャンの素朴で原始的なものと、ゴッホの豊かな筆さばきさえも、ムンクの中には凝縮されているように感じられるのである。

罪の値

著者の友人のひとりが「日本人の深層には罪に対する意識はまったくないですね。あるのは世間がそれをどう見るかということだけですよ」と言ったが、それはまったくよく捉えた見方であると思う。アメリカの女性文化人類学者、ルース・ベネディクト（1887-1948）の「日本人は罪の重大さよりも恥の重大さに重きを置いているのである[47]」という言葉は有名である。また遠藤周作が1957年、雑誌『文學界』に発表して、翌年、毎日出版文化賞を獲得した小説『海と毒薬』（新潮社）は、のらりくらりとした日本人の罪意識を問うことで、読者に激しく襲いかかったものである。

『平均律クラヴィーア曲集』第2巻 第20番 イ短調のフーガには、そのテーマに人間の罪を象徴する減7度の音程が激しく書き込まれていて奏者を震撼させるが、そのプレリュード（次ページ**譜例82**）にも、「死」の象徴である震えるような半音階が繰り返し繰り返し書かれていて、「罪が支払う報酬は死です[48]」という言葉を、バッハははっきりと楽譜という模様に刻み込んでいたことを知るのである。

ベルイマン、アントニオーニ、そしてムンクなどの多くの作品の中から、静かに、穏やかに、「救いはどこからくるのか？」という問いかけが聞こえないだろうか。

譜例 82 『平均律クラヴィーア曲集』第 2 巻 第 20 番 プレリュード　冒頭

バッハは、「罪が支払う報酬は死です」と述べてやまない。

インヴェンション 第14番 変ロ長調　Inventio14　BWV785

音に込めたメッセージ

高校生時代の後悔

　高校生のとき、S君という親友がいた。男性でピアノを習っている生徒は他にいなかったので、良きライバルとしてピアノに勉強に競い合ったものである。高校3年のとき、校内の発表会でS君はショパンの『スケルツォ』第2番を、著者はリストの『ラ・カンパネラ』を弾いた。発表会の後、S君は音楽の先生にとても褒められたが、著者は「音を7つも外した」と散々な評価を受けた。その先生は、他にも著者に関していろいろ気になったことがあったのだろう。ことあるごとに「杉浦は音を7つも外した」と言い続けた。やがて著者はS君を妬むようになり、2人の仲は急速に冷え込んでしまった。自分の心の中に、何かどす黒い大きなものが巣くって、どうすることもできなかった。
　やがてS君は有名大学に進み、その後、大阪の有名校の教師として赴任し、やがてその大学の学長にもなった。高校卒業後10年、20年と経っても、著者は当時の自身の見苦しい振る舞いが嫌で嫌で仕方がなく、本当に申し訳ない気持ちでいっぱいだった。全国学生コンクールの大阪大会に出かけるたびに、会場近くにあった彼が勤務する学校の前まで行ったものである。大会日は日曜なので、学校は休みだと承知してはいたのだが、謝りたい気持ちに駆られていたのだと思う。
　そのころ、アルトゥール・ルービンシュタインが来日するというので、早々にチケットを購入したのだが、都合が悪くなって行けなくなるということがあった。その旨の説明と「チケットを進呈します」の言葉を記した手紙を添えてチケット

をS君に送ることにした。しかし、すぐさま彼からチケット代が送られてきて、ガックリしたものだった。そんなことがあってしばらくして、久しぶりの同窓会があり、そこで思いがけずS君が亡くなったことを聞いたのである。バス停に立っているときに突然倒れたという。「過労死」だったそうだ。もう謝ることができない世界にS君は行ってしまったことを思い、悲嘆にくれたのだった。

　ところが最近、ハンセン病患者に一生を捧げた精神科医、神谷美恵子（1914-1979）の著作集に目を通していて、はたと救われる思いがした。罪の意識に悩むのは「良心」を持っているからであって、「つぐない」「あがない」といった宗教的教えも、「良心」に応じて生まれたものかもしれない。そして、いかなる難行苦行を積もうと、罪の意識が緩和されるとは思えないと感じている神谷は、「人間に必要なのは無条件の許しと、それを素直に受け止める『砕けた心』でしかないと思う。それは多くの人の病める心を見ていて疑えないのである[49]」と著作で述べている。もっとも著者は、自分のことを「良心」を持った人間であるなどとは決して思っていないということを付け加えねばならないが…。

神の声

　『インヴェンション』第14番は出だしの左手に1オクターヴの下降があり、ロ短調ミサの中で繰り返される「サンクトゥス」を思い起こさせる（50ページ**譜例22**）。バッハは「サンクトゥス（聖なる）」という歌詞の箇所に、1オクターヴ下降あるいは上昇の跳躍をよく用意している。バッハはこの第14番でも1オクターヴの動きで「聖なる」を表し、歌詞のない第14番にメッセージがあることを知らせている。また、10個の音符からなるソプラノのテーマは「十戒」を思い起こさせる（次ページ**譜例83**）。

　この作品の骨組みを表したのが、その下の**譜例84**である。このような音の動きは、バッハにおいては『マタイ受難曲』や『ヨハネ受難曲』にもあるように、イエスが王として話すときに用いられる。すなわち、神の声を指しているように思われる（68ページ**譜例40**、次ページ**譜例85**）。

譜例83　『インヴェンション』第14番　冒頭
　　バス(左手)には「聖なる」を表す1オクターヴの下降。ソプラノ(右手)のテーマは10の音符からなり「十戒」の表徴を思わせる。

譜例84　第14番のテーマを要約したもの。

譜例85　『ヨハネ受難曲』第2部 第18a曲　第4小節〜
　　イエスが「私が聖なる王である」と言うくだりでは、オクターヴを分散和音的に埋めている。

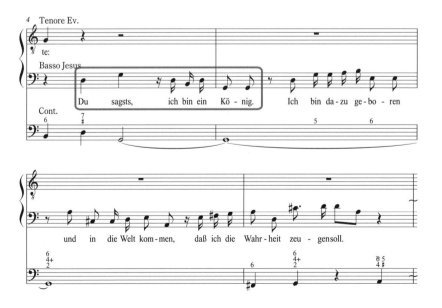

密かに入り込む罪

　第14番をさらに観察すると、とても不思議なことがわかってくる。まず第1部は僅か5小節で書かれているのに対して、続く第2部にはおよそ2倍の11小節を費やしている。全部で20小節の『インヴェンション』におけるこの不均衡さに注目してみよう。まず、ほとんどけがれのない完全音程で書かれた第1部があり、続いて第2部に入ると最初のテーマがヘ長調で奏されるが、やがて「罪」の象徴である減7度の音程が密かに入り込んでくる（**譜例86**）。罪を負った人間は、第12小節（**譜例87**）のバスのC音（死の象徴の音）で死の宣告を受ける。そして同時に、飛び上がるほど苦しい心の汚れをも背負わされたことが、C音の後に続く激しいオクターヴの跳躍でわかるのである。

譜例86 『インヴェンション』第14番　第9小節〜
　　　　減7度の音程（罪のフィグーラ）が密かに入り込んでくる。

譜例87 『インヴェンション』第14番　第11小節〜
　　　　密かな減7度に続く突然のC（死）、罪の値は死であることを指し示しているようである。

C音が死の象徴の音として使用されている例は、ヘ短調で小受難曲ともいえる『インヴェンション』第9番にもある。苦しみ喘いだイエスの死の瞬間、突然現れたバス音の王冠の形をした象形フィグーラの上に、はっきりとC音が書かれている。それによりイエスの死が栄光であったことをバッハが示そうとしたのが感じとれる。また、『インヴェンション』の中のもうひとつの小受難曲、第7番の終止の直前にも（ヘ短調とともにホ短調も受難の調とされている）、あまり完全ではない偽終止のようなものがあり、バッハはそこでも堂々と長いC音を書き込んで、イエスの死を知らせているのである。『平均律クラヴィーア曲集』第2巻 第12番のプレリュードにおいても、イエスが十字架にかけられ、長い時間が経過した後、突然減七の和音が奏者を襲ってイエスの死を知らせた直後、死の象徴として書き込まれたC音で静かに幕を閉じる（**譜例88**）。

譜例88 『平均律クラヴィーア曲集』第2巻 第12番 プレリュード　最後の5小節
　イエスが十字架にかけられてから長い悲しみの時間を経て、突然減七の和音が奏者を襲い、イエスの死を知らせる。

　バッハはこの作品において、罪が人間に密かに入り込み、その結果どうなっていったかを書き記そうとしたのであろう。すなわち、彼は旧約聖書3章のアダムとエヴァの箇所で、彼らが蛇にだまされ、禁断の木の実を食べたことによって、密かに罪が人間に入り込んでくる様子を描き出そうとしたようである。

　この箇所は旧約聖書のみにとどまらず、それを経典として用いるユダヤ教、キリスト教にまで、古代オリエントを始めとする人類史的な拡がりをもつ神話とされている。そしてそれを原罪物語とみる原型はユダヤ教にあるという。なぜなら、ユダヤ教の創世記のテキスト『第4エズラ記』に、アダムの犯した罪が、その子孫である自分たちにまで及んだとする記述があり、宮田光雄の著作にある「こう

した伝承から生まれたテキスト解釈が、やがてのちにアウグスティヌスによって原罪説として大成されたことは、よく知られている[50]」という論に目を引かれる。

日本人特有のメンタリティ

　ところで、島国であり他民族からまったく侵略されたことのない日本人にとって、罪とはいったい何であろうか。遠藤周作の小説『海と毒薬』（現代日本キリスト教文学全集5「原罪と救い」、教文館、1972年）では、さまざまな形で悪に関わってもなんとも思わない日本人の精神に直撃が加えられる。ひとつの悪が行われるのに、日本人はそれなりの理由があれば許されると思っている。人を殺すことも、それが戦争であれば許される。捕虜を生体解剖することも、戦争だから、あるいは医療に役立つからという理由で許してしまっている。遠藤は小説の中で、「良心の呵責（かしゃく）とは今まで書いた通り、子どもの時からぼくにとっては、他人の眼、社会の罰にたいする恐怖だけだった[51]」と青年医師の戸田に告白させている。すなわち日本人にとって怖いのは、他人がどう見るか、他人からどんな罰を受けるかであり、他人に知られなければ、他人から何も罰を受けないだろうと思われれば、平気でいられるのである。飛躍的だとのそしりを免れないかもしれないが、時々われわれ日本人の音楽が指ばかりで、まったく本気でないように言われるゆえんを考察するとき、次のような戸田の言葉に何かヒントがあるように思われてくる。「あなたたちもやはり、ぼくと同じように一皮むけば、他人の死、他人の苦しみに無感動なのだろうか。多少の悪ならば社会から罰せられない以上はそれほどの後ろめたさ、恥ずかしさもなく今日まで通してきたのだろうか[52]」。

　この章を書くに当たって、『海と毒薬』を読み直してみた。しかし小説の終わりの部分、すなわち「捕虜の生体解剖」の箇所は恐ろしく、何度試みてもどうしても読み返すことができなかった。若い日には読めたことが不思議だ。生体解剖が行われた後、罪の意識に苦しむ戸田に、捕虜を殺すことで多くの結核患者を救う治療法が発明できるのだから、それは殺したのではなく生かしたのだと考えればいいと友人は助言する。そして、この本を締めくくる戸田と友人のその先の会話が、心に突き刺さるのである。

戦後の文学界で「最高」のものとされたこの作品は、昭和30年代はじめに志賀直哉（1883-1971）の『暗夜行路』などを読み、日本人的な甘さにじりじりしていた著者にとっては、それまでの日本人的私小説の世界を一挙に吹き飛ばす画期的なものだった思い出がある。そして、時を同じくして書かれた椎名麟三（1911-1973）の『神の道化師』や島尾敏雄（1917-1986）の『死の棘（とげ）』も、日本人の浅いメンタリティに深く切り込んでくるもので、痛烈なショックを受けた著者が特に愛読したものだった。

　余談が長くなったが、『インヴェンション』第14番に戻ると、第1部では罪のなかった聖なる人に、第2部で罪が入り込み、その罪によって人間に死がもたらされた。Ｃ音の深い響き、それから逃れようとするような苦しみ喘ぐオクターヴの跳躍、そしてそれから逃れられず、人間が罪を背負い、その値である死とともに生きる姿が延々と描かれていくように思われる。
　まことの神を知らないということ、それが人間の心に罪を感じさせない。そういう意味で、罪とは、まことの神から離れているということなのであろう。

| インヴェンション 第15番 ロ短調 | Inventio15　BWV786 |

幸せを祈って踊るのさ

映画『道』

　イタリアの生んだ偉大な映画監督、フェデリコ・フェリーニが1993年に亡くなったとき、その国葬の模様は日本でも報道されたが、著者は彼の映画にさまざまな思い出があったため、泣いてしまった。日本で最初に紹介されたフェリーニの映画は『道』だった。1955年代はじめのこと、試写会が終わった瞬間、場内がシーンとなり、席を離れる者はいなかったと聞いて、この映画を見たいと思うようになった。ところが、高校生だった著者には、映画を見るお金がなかったのである。父が急死して、残務処理に追われるなど、わが家は困難のさなかにあった。以降、この映画のテーマ音楽、ニーノ・ロータ作曲の哀感に満ちた《ジェルソミーナ》を聴くたびに、当時のことを思い出し、オペラのアリアのように「人知れず涙」したものだった。この映画を実際に見ることができたのは、興味を持ってから10年ぐらい経ってからであろうか。さまざまな思いが重なって、フェリーニ監督には申し訳ないことだが、まともに鑑賞していられなかった。そのうち、この映画のビデオが発売になり、ようやく家で心静かに見られるようになった。

　ドライブの好きなフェリーニ監督は、あるとき寒い山道を車で走っていて、バイクに幌のついた荷車をつないで旅をしている貧しい老大道芸人に出会ったという。これが『道』の原点のようである。この映画は、人間の持つ獣性と神性を描いてやまない。そしてこの両者を持って孤独に生きる人間を実に自然に描き出し、その汚れた罪の世界を、絶望ではなく神の救いの場として圧倒的な力で描き出そうとしたのだ。そして神の救いは、フェリーニという巨匠を通して、映画の

中で実現されたのである。「フェリーニは神の眼と神の心でこの名作を生んだ[53]」——これは映画評論家、淀川長治(ながはる)(1909-1998)の言葉である。

人間の聖性と俗性

　前章の第14番では、第1部は聖なる人間、第2部は聖なる人間が罪を負う、そして第3部は人間に罪が入り込み、その結果、人間は死と向かい合わせに生活しなければいけなくなるということなどを考察した。そして、ここでそのテーマを構成する音符の数に目を向けることによって、第1部の聖なる人間の根拠をもっと明らかにすることができた。テーマは10個の音符で書かれていて、十戒を象徴しているようである。バッハは、聖なる人間を「十戒に従う人間」として表そうとしたのだ。そこにわれわれは、バッハの意図、あるいはバッハの凄まじいメッセージを発見したのであった。
　ところで、『インヴェンション』第15番はどうであろうか（譜例89）。

譜例89　『インヴェンション』第15番　冒頭
　　　　嬰ヘ音を連打しながら下降2度の「嘆きの音程」が繰り返され、悲しみの舞踏、あるいは歩行を表すようである。

音符の数：20

この曲からは、舞踏か歩行のようなものが感じられる。また、嘆きを象徴する下降２度の音型が繰り返されている。チェンバリストのワンダ・ランドフスカは、「小さな太鼓の連打に似たトリルを打ち鳴らして、静かに踊る舞踏あるいは歩行、嘆きの舞踏、悲しみの歩行なのか[54]」と言っている。歩き、踊りながら嬰ヘ音を打ち鳴らすとは何だろうか？　嬰ヘ音は、バッハの用いた「死」の象徴である「Ｃ（ハ）音」からの音程が、嬰ヘ音の上のハ音、下のハ音、どちらから数えても広い、つまり「Ｃ音」から遠い距離にある。バッハの願ったものはもちろん、人々の幸せである。テーマを構成する音符を数えてみると20個（10の２倍）で、十戒の象徴ではないかと思われる。「十戒に従う人間」の「聖性」と、太鼓を打ち鳴らして悲しく踊る人間の「俗性」を表裏一体のものとして描き、聖なるものを希求しながらも、どこまでも罪を背負って生きていかなければならない人間の悲しみを、譜面上に書き記したのであろうか。

　敬愛する饗庭孝男の『幻想の伝統』の中に、「私は降誕祭の前夜、パリのノートルダム大聖堂でグレゴリオ聖歌を聴きながら、重く不透明な肉体をもち、時におぞましい情念をもつ人間が、何故このように清澄きわまりない音楽をつくりえたか、という事実にあらためて感銘をもった[55]」という記述がある。著者もヨーロッパへ行っており、たびたび教会の礼拝に出席したり、暗いドーム（教会）の中で練習するオルガニストの姿を見ながらその音に耳を傾けたりしたが、この「重く不透明な肉体をもち、云々」の箇所を思い出し、心の中で反芻したものだった。
　ちょうど、ヘルマン・ヘッセ（1877-1962）の自伝的小説『デミアン』の中にもこのような場面がある。「夕方の暗い教会のなかに腰掛けて、わたし（シンクレール＝ヘッセ？）は、この異様な深い沈潜的な、自分自身に聞き入っているような音楽にひたった。それはいつ聞いても快く、心の声を正しとするような気分をいっそう強くした[56]」。この素敵な箇所を著者は忘れられないでいる。この箇所には実吉捷郎（1895-1962）の名訳もあるのだが、近ごろではこの高橋健二（1902-1998）のもののほうが好きである。

インヴェンション第15番

不可解なテーマ

　数に特別な意味を持たせることは、古代から受け継がれてきたもので、けっして音楽家だけのものではない。美術や文芸にもひと役買ってきたのである。

　バッハの大研究家でもあったピアニストのアーウィン・ボドキー（1896-1958）は、その著書『バッハ鍵盤曲の解釈』（千蔵八郎 訳、音楽之友社、1983年）の中で数の象徴性に触れ、バッハ作品の中で数が重要な役割を果たしていることが発見されたのは、最近のことだと述べている。コラール・プレリュード《聖なる十戒》BWV635の足鍵盤のパートで、主題を10回にわたって引用していること（**譜例90**）や、『マタイ受難曲』の最後の晩餐の場面でイエスが「同じ鉢に手をつける者の中に私を裏切るものがいる」と言われたのに対して、《主よ、まさか、わたしではないでしょう》「Herr, bin ichs」という11人の弟子の質問が11回書き込まれていること（次ページ**譜例91**）などは、当初たまたま発見された例であるとしている。

譜例90　コラール・プレリュード《聖なる十戒》
　　　　足鍵盤に主題が10回書き込まれている。

譜例91　マタイ受難曲 第9e曲〈最後の晩餐〉の場面（第33小節〜）

「主よ、まさか私ではないでしょう／Herr, bin ichs」という11人の弟子の質問が、11回にわたって書き込まれている。

数が重要な役割を果たしている例として、たとえば『ミサ ロ短調』第13曲（第3部 ニカイア信条 第1曲）《全能の父》は84小節で書かれていて、「7」の12倍という倍数にその小節数がきっちりと一致する。また音楽学者スメント（1893-1980）は、バッハの自筆譜の最後に、実際にバッハが「84」という数字を書き記したのを見つけ、数の象徴の秘密を探ろうとする学問的な努力を馬鹿げているとひと言では片づけられないとしている。

そのほかにも第5番の章で述べたように、聖書に関係のある数字として、スメントは、

> 3：三位一体
> 6：天地創造にかかった日数
> 7：一般に創造主と天地創造、あるいは精霊、福音、神の恩寵、聖なる数
> 10：十戒
> 11：殉教したイエスの弟子の数、死
> 12：信徒、使徒、会衆
> 14：2＋1＋3＋8＝14（Bach）
>   ＊これらの数の倍数も使われている
> 21：7×3＝21　聖なる数を3回「Soli Deo Gloria」
>   （栄光はただ神のみに）

を挙げている。

『シンフォニア』の一大傑作で、受難の調で書かれている第9番ヘ短調をよく観察してみると、そこにも大変なことが書き込まれていることがわかる（次ページ譜例92）。

この三重フーガの中心のテーマであるソプラノは、バッハの署名である14個の数の音符で書かれている。それに対してバスは、死の象徴である恐ろしい半音階で書かれていて、しかもその数は殉教したイエスの弟子の数11個である。そして、もうひとつのきわめて不可解なテーマは、割り切れない数＝素数の19個の音符で書かれている。しかもこの19個の音符は踊り狂っているかのような模様に見える。バッハの署名と十字架の死と不思議な踊りが織り成すこの『シンフォニア』第9番のメッセージは、いったいなんなのだろうか。

譜例92 『シンフォニア』第9番　冒頭
音符の数14は、バッハの署名、半音階は死の象徴、19は素数。踊っているような音符。
バッハのメッセージは、なんだったのだろう。

神の近くにあった人

　あるとき、ピアニストの山崎孝氏のご案内でフランスのストラスブールにある聖トマス教会を訪れた。そこは、アルベルト・シュヴァイツァーがアフリカに行く前に牧師として働いていた教会である。この教会のオルガンは、有名なオルガン製作者、アンドレアス・ジルバーマンの息子が作ったもので、そのとき山崎氏が弾いたそのオルガンの素朴な音からは、古雅というか、優しいというか、あるいは内面的な繊細さとでも言ったらよいのか、そのようなものが感じられて、ひどく感激した。ドイツ文学者の小塩節が石の古い教会でバッハのオルガン曲を聴くと、自らの感覚が純粋そのものになるのを感じると述べ、バッハの世界には、神の前にただ一人で立つ人間の悲惨と栄光と慰めがある。「それをわたしは人間の偉大と呼びたい。バッハの潮のような流れの中に身をひたして、限りなく淨らかな幸福感と感謝の思いで一杯になりながら(57)」と記した小塩と、山崎氏のオルガン演奏に触れたときの著者はまったく同じ思いだった。

　このようなバッハの作品を聴いていると、ことあるごとに戦争のようなものを巻き起こし、それを何千年も繰り返し愚行を重ねてしまうような深い罪の虜に

なっている人間が、どうしてこのような楽曲をつくり得たかということに思い至って驚嘆を覚える。そして、きわめて人間的で「俗」なものを「聖」なるものに近づけ、同時に「聖」なるものをわれわれの近くに持ってくることのできる人、いわばもっとも神の近くにあった人、バッハの偉大さに驚嘆せざるを得ないだろう。

ところで『インヴェンション』への旅を終わるに当たって、バッハ流の「お別れ」の言葉を述べさせていただきたい。バッハは『平均律クラヴィーア曲集』第1巻の終曲、第24番 ロ短調を終える際に、そのテーマを**譜例93**のように書いている。

譜例93 『平均律クラヴィーア曲集』第1巻 第24番 フーガ 冒頭
　　テーマの初めから音符に番号を付けてみると、一番高い音D音は初めの音から数えて14番目にある。14はバッハのサイン。バッハが手を高く上げて挨拶をしているようである。また音符の数は全部で21あって、ここでは「Soli Deo Gloria」とサインしているようである。

バッハは、『平均律クラヴィーア曲集』の初めの曲、あるいは最終曲のフーガのテーマを、7の倍数の音で書いた。特に最終曲は21個の音符で書いていて、それはすでに述べたように、バッハは「聖なる数：7」を3個として、曲集を閉じるにあたって彼がサインした「Soli Deo Gloria（栄光はただ神のみに）」を表しているようである。そしてさらに驚くことには、このテーマの一番高い音はD音であり、その音はテーマの初めから数えて14番目にあたる。14はBachのサイン。ここでバッハ旗を大きく掲げて、奏者に「さようなら」の挨拶をしているようである。

また、このテーマをよく見ると、オクターヴの全部の音、すなわち12の音で書かれていて、20世紀初頭、現代音楽に大きな流れを創った、アーノルド・シェーンベルクの12音技法の先取りをしているかのようである。

引用文献一覧（注番号）

(1)　ランドフスカ著、ドニーズ・レストウ編、鍋島元子／大島かおり 訳、『ランドフスカ音楽論集』、みすず書房、1981 年、p.199。
(2)　ランドフスカ著、ドニーズ・レストウ編、鍋島元子／大島かおり 訳、『ランドフスカ音楽論集』、みすず書房、1981 年、p.199。
(3)　エドヴィン・フィッシャー著、佐野利勝 訳、『音楽を愛する友へ』、新潮社、1977 年、p.92。
(4)　エドヴィン・フィッシャー著、佐野利勝 訳、『音楽を愛する友へ』、新潮社、1977 年、p.88。
(5)　『讃美歌』(1954 年版)、日本キリスト教団出版局、1954 年。
(6)　杉山 好 訳、日本キリスト教団出版局、CD『J.S. バッハ　カンタータ 第21、93 番 リヒター／ミュンヘン・バッハ管弦楽団』、ユニバーサルミュージック POCA-3020 解説、p.16。
(7)　日本聖書協会『新約聖書』改譯、マタイによる福音書 5 章 3 節～8 節、p.9。
(8)　カール・カイリンガー著、角倉一朗 編、バッハ叢書9『バッハの世界』、白水社、1978 年、p.13。
(9)　辻 邦生 著、『美神との饗宴の森で』、新潮社、1993 年、p.160。
(10)　エリス・マック著、井口百合香 訳、『ピアニストは語る』、音楽之友社、1985 年、p.170。
(11)　エドヴィン・フィッシャー著、佐野利勝 訳、『音楽を愛する友へ』、新潮社、1977 年、p.93。
(12)　杉山 好 訳、『アンナ・マグダレーナ・バッハのクラヴィーア小曲集』、音楽之友社、2003 年、p.76、77。
(13)　日本聖書協会『新約聖書』1954 年改訳、コリントの信徒への手紙1　13 章 13 節、p.271。
(14)　エドガー・バーマン著、永井健三 訳、『シュヴァイツァーとの対話』、JICC 出版局、1991 年、p.143。
(15)　L. クロイツァー著、村上紀子 訳、『芸術としてのピアノ演奏』、音楽之友社、1969 年、p.27。
(16)　木村 敏 著、『形なきものの形』、弘文堂、1991 年、p.5。
(17)　デイヴィッド・デュバル著、横山一雄 訳、『ピアニストとのひととき』、音楽之友社、1992 年、p.17。
(18)　小川国夫 著、池内 紀 編、『旅の音楽』、音楽之友社、1989 年、p.11。
(19)　斎藤晴彦 著、『クラシック音楽自由自在』、晶文社、1991 年、p.50。
(20)　カール・ガイリンガー著、角倉一朗 編、バッハ叢書9『バッハの世界』、白水社、1978 年、p.12。
(21)　日本聖書協会『新約聖書』1954 年改訳、マタイによる福音書 26 章 26 節～29 節、p.44。
(22)　木村 敏 著、『形なきものの形』、弘文堂、1991 年、p.38。
(23)　関根將雄 著、『ピラテウスの月』、埼玉新聞社、1991 年、p.49。
(24)　犬養道子 訳、『新約聖書物語』、新潮社、1976 年、p.423。
(25)　東山魁夷 著、『馬車よ、ゆっくり走れ』、新潮社、1971 年、p.168。
(26)　日本聖書協会『聖書』新共同訳、マタイによる福音書 27 章 46 節、p.58。
(27)　カール・カイリンガー著、角倉一朗 編、バッハ叢書9『バッハの世界』、白水社、1978 年、p.13。
(28)　ジョルジョ・ヴァザーリ著、平川祐弘 ほか訳、『ルネサンス画人伝』、白水社、1982 年〈原書初版 1550 年〉、p.139。

(29) 犬養道子 訳、『新約聖書物語』、新潮社、1976 年、p.501。
(30) 太田愛人 著、『ヨーロッパ田園紀行』、鎌倉書房、1982 年、p.230。
(31) J.M. コレドール著、佐藤良雄 訳、『カザルスとの対話』、白水社、1967 年、p.146。
(32) 犬養道子 訳、『新約聖書物語』、新潮社、1976 年、p.501。
(33) ガストン・レビュファ著、近藤 等訳、『太陽を迎えに』、新潮社、1973 年、p.116。
(34) 杉山 好訳、CD『J.S. バッハ カンタータ選集 BWV4・6・67』、Archiv Produktion POCA-2034 解説。
(35) 饗庭孝男 著、『聖なる夏』、小沢書店、1982 年、p.177。
(36) ケネス・クラーク著、尾崎彰宏 ほか訳、『レンブラントとイタリア・ルネサンス』、法政大学出版局、1992 年、p.109。
(37) 日本聖書協会『聖書』新共同訳、ルカによる福音書 1 章 28 節～31 節、p.100。
(38) 高階秀爾 著、『ルネッサンスの光と闇』、中央公論社、1987 年、p.9。
(39) 高階秀爾 著、『ルネッサンスの光と闇』、中央公論社、1987 年、p.10。
(40) 饗庭孝男 著、『ギリシアの秋』、小沢書店、1979 年、p.187。
(41) ヘルマン・ケラー著、中西和枝／フランス・ボーン／坂崎 紀 共訳、『バッハのオルガン作品』、音楽之友社、1986 年、p.289。
(42) 井上洋治 著、『イエスへの旅』、日本基督教団出版局、1993 年、p.49。
(43) 日本聖書協会『聖書』新共同訳、ローマの信徒への手紙 7 章 24 節、p.283。
(44) 植草甚一 著、『映画だけしか頭になかった』、晶文社、1973 年、p.56。
(45) 太田治子 著、『私のヨーロッパ美術紀行』、朝日新聞社、1985 年、p.40。
(46) J.P. ホーディン著、佃 堅輔 訳、『ムンク』、美術公論社、1981 年、p.26。
(47) ルース・ベネディクト著、長谷川松治 訳、『菊と刀』、社会思想社、1967 年、p. 256。
(48) 日本聖書協会『新約聖書』新共同訳、ローマ人への手紙 6 章 23 節、p.282。
(49) 神谷美恵子 著、神谷美恵子著作集2『人間をみつめて』、みすず書房、1980 年、p. 86。
(50) 宮田光雄 著、『岩波講座 宗教と科学 第 10 巻 人間の生き方』より「個の存在と自覚」、1993 年、p.250。
(51) 遠藤周作 著、『海と毒薬』(現代日本キリスト教文学全集 5「原罪と救い」)、教文館、1972 年、p.79。
(52) 遠藤周作 著、『海と毒薬』(現代日本キリスト教文学全集 5「原罪と救い」)、教文館、1972 年、p.88。
(53) 朝日新聞日曜版シネマ CINEMA キネマ取材班 著、『世界シネマの旅 1』、朝日新聞社、1992 年、p.177。
(54) ランドフスカ著、ドニーズ・レストウ編、鍋島元子／大島かおり 訳、『ランドフスカ音楽論集』、みすず書房、1981 年、p.201。
(55) 饗庭孝男 著、『幻想の伝統』、筑摩書房、1988 年、p.154。
(56) ヘルマン・ヘッセ 著、高橋健二 訳、『デミアン』、新潮社、1951 年、p.145。
(57) 小塩 節 著、『ブレンナー峠を越えて』、音楽之友社、1982 年、p.136。

あとがき

　もともとは「『インヴェンション』のわかりやすい解説のようなものを」という連載の依頼で書き始めた原稿です。しかし、とても立派な市田儀一郎先生のものをはじめ、すでにたくさんの本が出版されていましたので、同じようなものは書けないなと思い、『インヴェンション』を軸にした「旅の思い出」など、つれづれな読み物にしようと決めました。『バッハ インヴェンション こころの旅』などと恰好をつけた書名にしてしまいましたが、こんなふうに、そもそもは軽い読み物のつもりで取りかかった原稿です。書き進めるうちに、この『インヴェンション』にはそれまで知らなかった多くのバッハのメッセージが隠されていることに気づきました。それは探せば探すほど、求めれば求めるほど、次の不思議な発見へとつながりました。「この箇所には、きっとバッハのメッセージが書き込まれているぞ」と思いながら弾き進んでいくと、その音符の奥に、はっきりとしたバッハのメッセージが見えてくるのです。まるで宇宙を観察する豆天文学者のようでした。

　昔、フランスの天文学者ルヴェリエは、太陽系の一番外側にある遠い天王星の動きを調べていました。19世紀半ばのことです。ところが、いくら観察しても、その星が自分の計算通りには少しも動かないので、「きっとこの星の外に、もうひとつ星があるのだろう！」と予測を立て、しばらく望遠鏡でそれを探すことにしました。すると、今まで何も見えそうにないと思っていたあたりに、もうひとつの星（海王星）を発見したというのです。私にとってのバッハからのメッセージ探しは、ちょうどそんな感じでした。例えばバッハの大きな曲集で、それを閉じるにあたって、最後の曲に「バッハの『さようならのメッセージ』か『神への感謝などのサイン』がきっとあるはず！」と予測して探してみると、それをそこに見つけることができたのです。

　『インヴェンション』最後の第15番にも、何らかの「挨拶」、あるいは「バッハのサイン」などが隠されていると思います。ポリフォニーの楽曲は、例えば『イ

ンヴェンション』第1番や第2番のように、通常は休符で始まりますが、第15番には出だしの左手にバス音のHが書かれています。『インヴェンション』には出だしが休符ではなくバス音から始まる曲が、ほかにもたくさんあります。第5、6、7、9、11、13、14番などがそうなのですが、これらの曲の全てからバッハのメッセージやサインを見つけることができました。この第15番のバス音も、オクターヴ下降のフィグーラではありませんが、「聖なる！ この曲にはメッセージがありますよ！」という印だと考えていいと思います。バッハが弾いていた楽器（チェンバロ）はC音が最低音で、出だしのH音のオクターヴ下の音は書けなかったからです。『インヴェンション』第11番も、これと同じくオクターヴ下降のフィグーラの仲間に入れていいと思います。となれば、第15番にも何らかのメッセージかサインが隠されているはずなのですが、今もってそれをどうしても解明できないでいます。

　前述のとおり、拙書は『ムジカノーヴァ』で1992年9月号より94年7月号まで連載した「2声インヴェンション」を大幅に加筆修正したものです。友人の勧めもあって、この連載を1冊の書籍にまとめようと思い始めたのは、新しい世紀（2000年）に入ったころでした。数年経ち、当時『ムジカノーヴァ』の編集長だった岡地まゆみさんに相談しつつ、企画提出のための準備を進めました。高校生のころに僕の教室の発表会を聴きに来てくれたことがあるなど、岡地さんとは何かと縁がありました。しかし、大変失礼なことにも忙しさにまぎれて、そのまま放置することになってしまいましたが、一昨年、出版部の渡辺暁子さんをご紹介いただき、彼女の素晴らしいアドヴァイスを受けながら出版へと動き始めることができました。ところが今年5月、渡辺さんがドイツに渡られることになり、『ムジカノーヴァ』から出版部に異動された岡地さんが、初仕事として僕の原稿を引き受けてくださることになったのです。こうして不思議な巡り合わせで、再び彼女の助けと励ましをいただきながら今日の出版となった次第です。お二人にはどれほど感謝をしてもし尽くせない気持ちでいっぱいです。

　なお聖書の箇所につきましては、日本キリスト教団刈谷教会の故小崎弘雄および平井克也両牧師のご教授と薫陶を受けられたことを感謝申し上げます。

2016年10月　杉浦日出夫

本書は月刊誌『ムジカノーヴァ』1992年9月号〜1994年7月号の連載を大幅に加筆修正したものです。

杉浦日出夫
（すぎうら・ひでお）

東海地方を中心に演奏活動を行うとともに、後進の育成にも尽力し、門下から神野明をはじめとする多くのピアニストを輩出。幅広い知識と教養、指導力が注目され、音楽大学や全国の楽器店などでピアノの演奏法、指導法などのセミナー、公開レッスンを担当する。また、ピティナ・ピアノコンペティション、全日本学生音楽コンクールなどの審査員、月刊『ムジカノーヴァ』や『最新ピアノ講座』（音楽之友社）などの雑誌や書籍への執筆、ほかにもピアノと混声合唱のための組曲《万灯讃歌》を作曲し、2005年に愛知万博の会場で演奏されるなど、幅広い分野で活躍する。名古屋芸術大学元講師、愛知県立明和高等学校講師、ミヨシネット会長、一般社団法人全日本ピアノ指導者協会理事。

バッハ インヴェンション こころの旅

2016年12月31日　第1刷発行
2022年 8月31日　第5刷発行

著　者	杉浦日出夫
発行者	堀内久美雄
発行所	株式会社 音楽之友社
	〒162-8716　東京都新宿区神楽坂6-30
	電話 (03) 3235-2111（代）
	振替 00170-4-196250
	https://www.ongakunotomo.co.jp/
装　丁	光本順一
カバー画像	染紙：紙舗 直
譜例浄書	小菅英嗣
組版・印刷	シナノ パブリッシング プレス
製　本	ブロケード

ISBN978-4-276-14399-9 C1073
©2016 by Hideo Sugiura

落丁本・乱丁本はお取替えいたします。
本書の全部または一部のコピー、スキャン、デジタル化等の無断複製は著作権法上での例外を除き禁じられています。また、購入者以外の代行業者等、第三者による本書のスキャンやデジタル化は、たとえ個人や家庭内での利用であっても著作権法上認められておりません。

Printed in Japan